全息刮痧走向世界

张秀勤教授参加
国际军事医学大会存念
中国中医研究院
房书序
丙子秋

张秀勤全息刮痧法

是深受欢迎的绿色疗法

刮痧疗法，历史悠久，渊远流长。

刮痧古称砭法，是中医治疗六大技法之首。中医治疗六法分别是：砭、针、灸、药、按跷、导引。砭为第一法，可见其地位之重要、应用之频繁。

张秀勤教授经过多年的临床实践和潜心研究，破解出『痧』之谜，汲取民间刮痧法精髓，融入新的医学理论，用经络学说和生物全息理论探讨体表皮肤和内脏器官的联系，总结皮肤与脏腑器官的对应定位规律，创新出『全息刮痧法』。她根据现代人的体质特点和保健需求，将刮痧细化为诊断、保健、治疗、美容四个体系，总结出各自的理、法、方，使刮痧疗法旧貌换新颜。

全息刮痧法对头、面、手足、脊椎等部位进行简单的刮拭就能诊测全身健康，提前发现潜在的病理变化，了解健康发展的趋向。对这些部位的刮拭还可以对脏腑

器官起到治疗和保健作用。一些经常困扰人们却又容易反复发作的多发病、常见病，如疼痛性疾病、脏腑神经功能失调的病症，运用刮痧疗法可以迅速产生疗效。保健刮痧法可以增强肌体自身的调节能力、抗病能力和康复能力。刮痧还可以使人变美，特别是面部养颜美容刮痧，美白祛斑却无痧痕，配合身体刮痧，让美丽由内而生。

今天的刮痧疗法仍保持操作简便，不需医学基础，易学易懂，效果显著而无副作用的特点。人们在享受刮痧带来美丽和健康的同时，纷纷惊叹刮痧的潜力和神奇的效果。透过刮痧领略到传统医学的魅力。今天，刮痧不但被国人青睐，更跨越了国界，深深吸引着一切寻求健康的人们。

本套图书系统介绍张秀勤教授将刮痧疗法分别应用于『预防保健』、『养颜美容』、『诊测健康』、『治疗常见病』四个领域的成功经验，为读者健康增添了新的方法。

汉竹图书

汉竹 ● 健康爱家系列

张秀勤/编著

刮痧

治疗常见病

张秀勤

吉林科学技术出版社

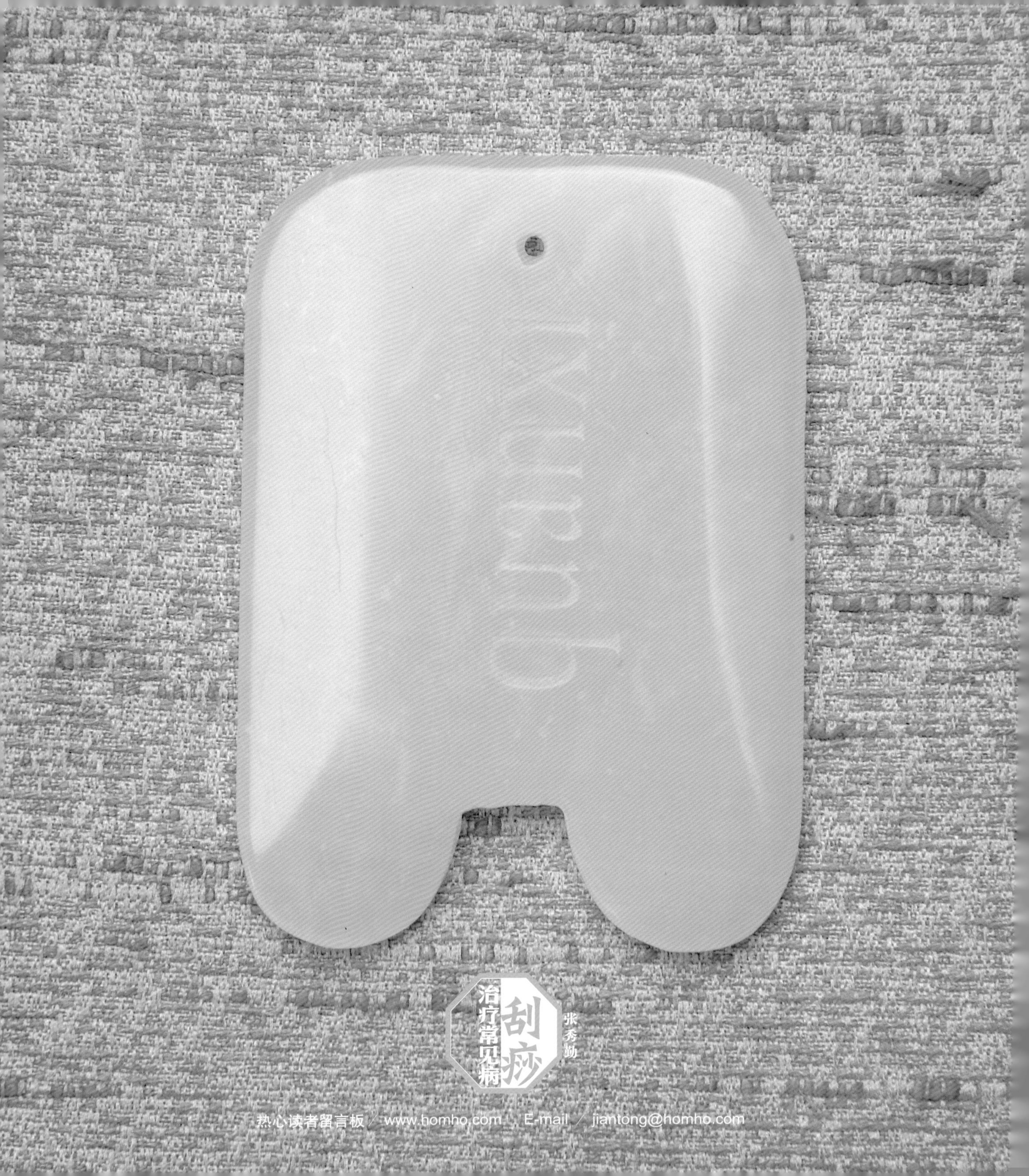

治疗常见病
刮痧
张秀勤

热心读者留言板 / www.homho.com E-mail / jiantong@homho.com

前言

人体作为大自然千百年进化的产物，它有一套自我保护系统和保护措施。人体自身就有一个大药库，即由脏腑、经络组成的人体自我调节系统。生病时，首先应该调动人的自我调节能力战胜疾病，这样可以减少药物的毒副作用。20世纪末，世界卫生组织曾进行一场医学目的的大讨论，一致认为"医学的目的是发现和维护人体自身的自我健康能力"。古老的刮痧发展至今长盛不衰，正是因为它不用针药，仅通过刺激体表皮肤，来激活自身的调节能力、抗病能力而治疗疾病，没有任何副作用，符合医学的根本目的。

现代人的很多疾病是因为血液不清洁，体内环境代谢废物积聚过多所致。而刮痧正是通过充分调动肌体的自我防卫系统，以出痧和开泄毛孔的特殊方式，排掉各种病气，扫除障碍，畅通经络，净化体内环境，还肌体一个清清爽爽的内环境，所谓"经络畅通，一身轻松"，经络通了，肌体自身的康复能力得以恢复，疾病自然就被击退了。

当然，当自卫能力减低或致病因素来势凶猛，自我调节能力不能及时反击，以及疾病严重，自我调节系统已经遭到破坏，无能为力时，一定要借助于药物或其他疗法。此时配合应用刮痧可以帮助减少药物的副作用，加快身体康复的速度。

刮痧疗法适应症广泛，对疼痛性疾病和血管、神经功能失调的病症有显著的疗效。本书精选了几十种刮痧疗效极佳的常见病，这些从实践中得来的经验符合现代人体质特点，符合中西医理，可以为您早期自我治疗疾病和慢性病的康复增添一种有效又简便快捷的外治方法。

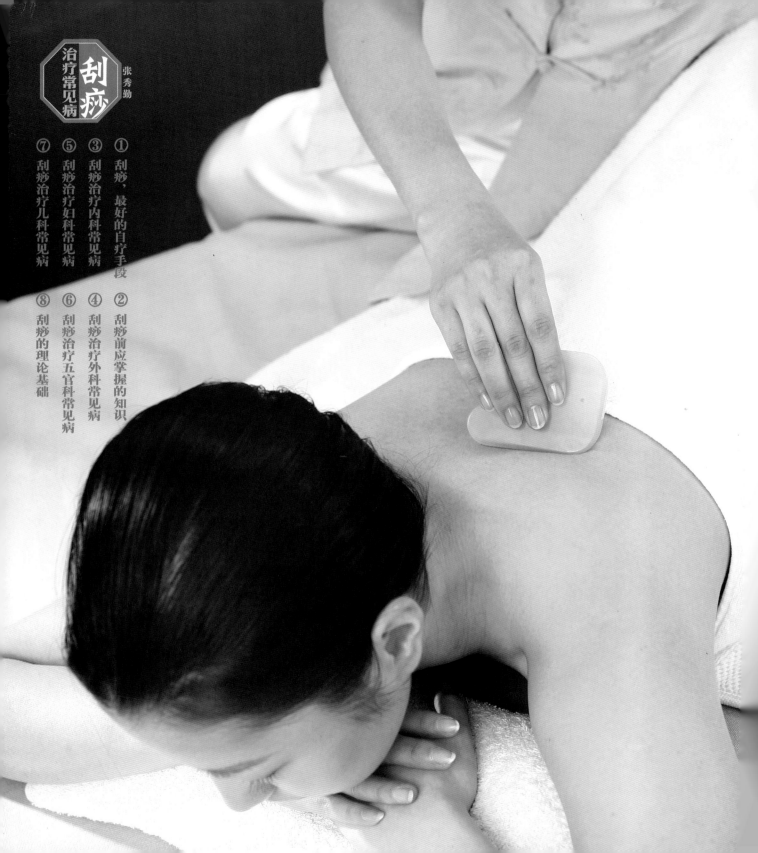

刮痧

治疗常见病

张秀勤

目录

刮痧治疗**内科**常见病

内科病多是外感风寒，加上内有积热或积湿所致。刮痧可以疏泄体内因各种原因所积的风邪、寒邪、热邪、湿邪，从而让大大小小的内科病得到治愈或改善。

刮痧治疗**外科**常见病

落枕、腰扭伤等外科常见病是气血急性瘀滞所致。活血化瘀是刮痧的长项，所以在治疗外科常见病方面，刮痧常有着立竿见影的奇效。

刮痧治疗**妇科**常见病

用刮痧来疏通气血是最好的方法。只要气血畅通，月经不调、炎症、增生等妇科疾病就不会缠着女性不放。

刮痧治疗五官科常见病

刮痧不仅可以疏通五官周围瘀滞的气血，更可以深层调理影响五官健康的经脉气血，治病、保健同时做到。

刮痧治疗儿科常见病

腹泻、厌食、遗尿是小儿常见的疾病，简单的几次刮痧就可以让上述三种病症有明显改善。小儿肌肤、骨骼柔嫩，刮痧治疗时注意减轻按压力，缩短刮痧时间。

刮痧的理论基础

本书所介绍的全息刮痧疗法扎根于深厚的中医理论基础，又汲取了现代生物全息理论的精华，是传统医学与现代科学结合的产物。

附录

刮痧，最好的自疗手段

刮痧作为一项古老的中医疗法，对很多疾病有显著的治疗效果。

刮痧治疗疾病不用针药，不是针对现代医学的病因、病理进行对抗性治疗，而是通过皮肤刺激，直接刮拭相关经脉、俞穴和全息穴位，间接地调节阴阳气血与脏腑、经络，并通过出痧宣泄体内毒素的方法，调动人体自我康复能力而治疗疾病。

刮痧治疗疾病种类多、范围广，操作方法简便，疗效迅速，而且容易学习掌握，是居家应备的自我调理和治疗疾病的良方。

刮痧在民间已流传千年，如今历久而弥新，其独特魅力源于自身特点以及与其他传统疗法比较之下显示出的优势。

✿ 刮痧治病的五大特点

用刮痧进行自我治疗常见病有五大特点：

1. 简便；2. 安全；3. 疗效迅速；4. 性价比高；5. 适应症范围广。

✿ 简便

所用工具简单：只需一块薄厚合适、材质无害、使用起来顺手的小刮痧板和适量润滑剂。

操作方法简单：只需掌握人体各部位的基本刮拭操作，随时随地可以进行，受限少。

✿ 安全

俗话说"是药三分毒"，刮痧不用针药，只需在皮肤表面刮拭身体的特定部位，就可达到改善微循环、活血化瘀、治疗疾病的效果，对身体没有任何损伤，更不会出现由某些药物导致的副作用。

✿ 疗效迅速

"不通则痛，通则不痛"这是中医对疼痛病理变化认识的名言。"不通"指经络气血不通畅，实践证明，经络气血不通畅不仅可以引起疼痛，也是众多病症的原因。刮痧以出痧速通经脉的治疗方法可以形象地感知这句至理名言。刮拭过程中随着痧的排出，经脉瞬间通畅，疼痛及其他不适感立刻减轻，甚至消失。人们常常用立竿见影来形容刮痧的效果。

✿ 性价比高

刮痧只需一块小刮痧板、一小瓶刮痧油即可，花费不过百元，疗效却很显著。特别是对于疼痛性疾病和神经血管功能失调的病症，效果迅速，对各种急、慢性病也有很好辅助治疗效果。而且一次投资，多次享用。

✿ 适应症范围广

目前刮痧已广泛用于治疗各科常见病，凡适用于针灸、按摩、放血疗法的病症均适用于刮痧疗法，以血液循环瘀滞为特征的各种病症更是刮痧的最佳适应证，而且对某些疑难杂症也有意想不到的疗效。

✿ 刮痧与其他疗法的比较

刮痧被誉为中医技法之首，那么它与按摩、针灸、拔罐、放血等传统中医疗法相比，有什么特别的优势呢？

刮痧与针灸疗法比较

1　针灸对穴位的要求比较精确，普通人不容易掌握，而刮痧治疗需要一定的宽度和长度，即使穴位记忆不太精准，只要找到大概位置，穴位即包含在其中。

2　刮痧可以帮助寻找、发现病变部位，可以边刮拭、边寻找，无论穴位处或穴位以外部位的气血瘀滞都可以迅速疏通，对肌体无损伤。

刮痧与按摩比较

1　刮痧借助于刮痧板的作用力传达到皮下经络，并由此传达给脏腑，对经络脏腑起到调理作用，在刮拭过程中，可以发现手不易察觉到的细小异常反应。

2　刮痧疏通经络，活血化瘀，宣泄热毒的速度快于针灸、按摩疗法。

刮痧与放血疗法比较

1　刮痧将含有内毒素的血液从血管内释放至血管之外，类似于放血疗法，但是痧出在皮肤之下，组织之间并没有流出体外，所以安全，没有感染的后顾之忧。

2　所出之痧在消退的过程中，可以提高肌体的免疫功能。

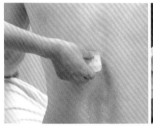

刮痧与拔罐比较

1　刮痧与拔罐都是"以面代点"(将穴位和气血瘀滞点包含在治疗区域内)，都出痧。在一些不平坦部位、骨缝处或头发覆盖处，不方便拔罐的部位，以及不适于出痧的面部，却很适合刮痧。

2　刮痧板比拔罐灵活，可以在身体各部位边刮拭边寻找细小的不平顺等异常反应物，更可以对这些部位进行有针对性的治疗。

刮何在？

刮痧，顾名思义，即刮拭出痧，可见『痧』就是关键。另外刮痧也会遇到不出痧的情况，这时刮拭者通过刮痧板体会到的不平顺感，加上被刮拭者体会到的疼痛感也是诊病和治病的关键。

痧疗疗法流传千年历久不衰，可以有效治疗各种病症，它的奥妙究竟

❁ 奥妙在于出痧和退痧

❁ 出痧：活血化瘀，排毒解毒，疏通经络

红颜色的痧斑是从血液中渗漏出来的，痧看上去有点像瘀血，可实际上我们的身体并没有受伤，因为出痧后，身体并没有出现不适，反而觉得轻松舒适，病痛减轻。

痧是从毛细血管渗出的，因为毛细血管管腔最细小，管壁本身就具有通透性，是营养物质和代谢产物进出的通道。当血液循环正常时，毛细血管没有血液瘀滞，故刮痧不会出痧，只有促进血液循环，加速新陈代谢的作用。在血流减缓，血液瘀滞，微循环障碍时，毛细血管部位瘀滞的血液中营养物质逐渐减少，代谢废物逐渐增多。刮痧时，刮痧板的按压力会将瘀滞的血液从毛细血管壁间隙挤压到血管壁以外，毛细血管内的瘀滞瞬间缓解，血流恢复正常。

因此，痧是渗漏到毛细血管外的含有毒素的血液。刮痧只是将含有毒素的血液"分离"出了血管之外。出痧后，血管本身的弹性作用会使其瞬间收缩，所以当停止刮拭时，出痧会立即停止。

"不通则痛，痛则不通"这句话形象地概括了疼痛的原因。现代医学研究发现，微循环障碍，即经脉气血瘀滞不通不仅引起疼痛性疾病，也是产生众多症状的主要原因。出痧的奥妙就在于快速疏通经络，改善微循环，活血化瘀，排出体内毒素，促进新陈代谢。因此对气血不通引起的各种疾病均有治疗作用。

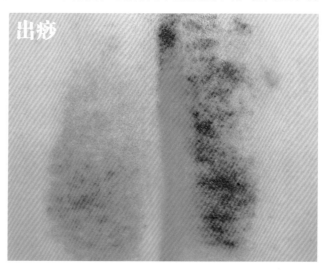

出痧

通过出痧的方式可以改善微循环，有效排出体内毒素，补氧祛瘀，活化细胞，促进新陈代谢。

❀ 不可忽视的阳性反应

❀ 退痧：激活免疫细胞，增强免疫力

刮痧所出的痧象一天天逐渐浅淡，直至完全消散，这个过程就是痧的消退过程。

这些痧是不受肌体欢迎的"异物"，人体血液、淋巴液和组织间液中有多种防御因素，能对体内异物，即非正常组织、外来组织有识别能力和排除能力。痧会很快被这些细胞识别出来，并吞噬和分解，分解物会随汗液、呼吸、尿液等排出体外。痧消退的过程不是体内毒素以原有的形态被肌体再吸收，而是激活了这些具有免疫功能的细胞，提高了自身清除异物的能力，增强了肌体的免疫力。

并不是每次刮痧都会出痧，有些气血不足的虚证，或者气虚、血虚体质者，就不容易刮拭出痧。但是刮痧板下会感觉到疼痛或有不平顺，皮下或肌肉组织间有类似砂砾、米粒、花生米、蚕豆大小，甚至更大的结节样软组织，或条索状的障碍阻力，这些现象是经脉气血失调，微循环障碍的另一种表现，被称为阳性反应。阳性反应的大小、形态与病变程度、病变时间以及病变范围密切相关。

❀ 阳性反应减轻，病痛减轻

随着不断的刮拭，疼痛会逐渐减轻、消失，结节和砂砾会逐渐变软、缩小甚至消散，这个过程也是疏通经络、活血化瘀、软坚散结的过程。所以刮痧使这些阳性反应减轻或消失，即可以起到畅通经脉，为细胞补充营养，恢复和增强其功能的治疗作用。

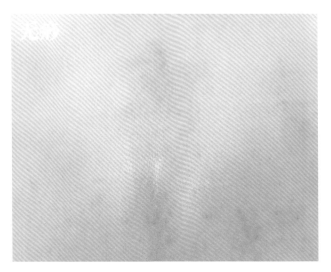

退痧的过程可提高肌体自身清除异物的能力，提高免疫功能，这是刮痧的另一功效，也称为刮痧的后效应。

当经络通畅身体健康时，因无气血瘀滞，故刮拭不出痧；或身体太虚弱，气血不足时也不易刮出痧。

✳ 痧象和阳性反应传递的信息

痧象和阳性反应是通过刮痧这种治疗手段，身体传递给我们的健康与疾病的信息语言。学会辨识这些信息语言，我们可以更好地运用刮痧来治疗疾病、保健身体。

✳ 痧对健康状况的提示

痧的颜色提示健康信息

痧象颜色鲜红、光泽度好	痧象紫红色	痧象青紫色或青黑色	晦暗无光泽的密集痧象
	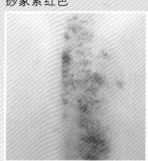	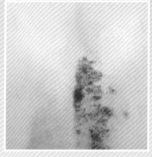	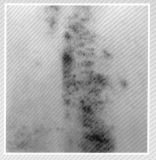
提示热证、急性炎症，病程短、病情轻	提示血瘀证	提示血瘀证兼寒证，病程长	提示正气虚弱、病程长以及陈旧性病症

少量红色痧点、痧斑	较密集红色或紫红色痧斑	多个直径>2厘米的较密集红色或紫红色痧斑	多个直径>2厘米的暗紫色、暗青色痧斑或出现包块状、青筋样痧斑
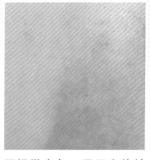	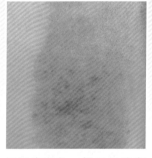	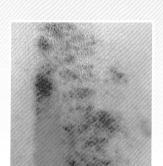	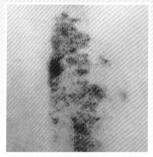
属轻微痧象，见于身体健康，或略有轻微气血循环障碍	属轻度痧象，提示经脉有轻度瘀滞、缺氧，时间较短，可见于无症状的亚健康状态	属中度痧象，提示经脉有中度瘀滞、缺氧，时间较短，见于亚健康状态	属重度痧象，提示经脉严重瘀滞、缺氧，时间较长，可见于严重的亚健康或疾病状态

❀ 阳性反应对健康状况的提示

阳性反应形态与病程、病情

砂砾	表示经脉气血瘀滞程度较轻。
结节	表示经脉气血瘀滞程度稍重，结节越大、越硬，经脉瘀滞、缺氧程度越重、时间越长。
条索状以及肌肉紧张僵硬或松弛痿软	表示经脉气血瘀滞、缺氧时间较长。松弛痿软为气血不足的虚证。

疼痛性质与病因

酸痛	是气血不足的虚证。
胀痛	是气机运行障碍的气滞证。
刺痛	是血液运行障碍的血瘀证。

应将痧象和阳性反应结合判断健康与疾病。

刮痧的过程中要针对阳性反应点和容易出痧的部位重点刮拭。阳性反应减轻或出痧逐渐减少，痧色变淡，提示治疗有效。

❀ 中西医看刮痧

刮痧疗法根植于中国传统医学的沃土，几千年来，特别是在缺医少药的地方，广为传播，为中华民族的繁衍和健康做出了重要的贡献。随着医学的进步，今天刮痧疗法更加完善，对很多疾病的治疗有显著的效果。让我们用中西医理破解其中的道理。

❀ 中医角度看刮痧

疏通经络，畅达气血

刮痧疗法刺激体表经络穴位，疏通并激活它，发挥经络整体性、双向性调控功能，不仅可以治疗经络气血偏盛、偏衰或气机紊乱导致的诸多疾病，还可以增强经络所属脏腑的功能，提高人体自身的调节功能、抗病能力、康复能力，达到既治疗局部病变，又扶正祛邪，增强体质、防病治病的目的。

清热化瘀，调节阴阳

很多疾病与体内气机失调，热毒内蕴，血液瘀滞导致阴阳失衡有关，刮痧调畅气机，使皮肤局部汗孔开泄，并通过出痧，快速清热解毒，活血化瘀而调节阴阳，健身祛病。

❀ 西医角度看刮痧

镇痛，松解粘连：刮拭刺激，提高了局部组织的痛阈，使紧张或痉挛的肌肉得以舒展。可以消除疼痛和肌肉紧张、避免受损伤的肌肉组织纤维化。

改善微循环，提高免疫力：刮痧使血管扩张及局部组织的粘膜渗透性增强，淋巴循环加速，淋巴细胞的吞噬作用及搬运力量加强。出痧可以改善微循环，排出代谢产物，促进新陈代谢。退痧的过程是自体溶血现象，可以激活肌体免疫细胞功能，肌体的防御能力增强。

信息调整：刮痧通过作用于特定体表，产生一定生物信息，通过神经-体液的传递到达相关脏器，既可以增强健康脏腑器官的功能，又可以对体内各脏器、各系统内的异常信息进行良性调节。

刮痧前应掌握的 知识

刮痧的器具虽然简单，但并不是任何器具都可以刮出显著效果的，现代刮痧革新了刮拭器具，明显增强了刮痧的效果，对专门的刮痧器具，其保养和使用诀窍不可不知。

刮痧有一套基本刮拭方法和操作步骤，还有一些必须了解的注意事项，只要掌握了这些原则和操作技巧，就能很快学会刮痧。

刮痧用具

以前的人们曾用汤勺、铜钱、嫩竹板等作为刮痧器具，用清水、各种植物油作为润滑剂，这些简单甚至原始的用具总有或多或少的缺憾。多年临床实践证明，全息经络刮痧板的边角形态与人体各部位的解剖形态完美契合，不但使刮拭刺激到位，还有助于增加刮痧的舒适感，配合使用具备一定药理作用的专业刮痧润滑剂，是深受欢迎的最佳刮痧用具。

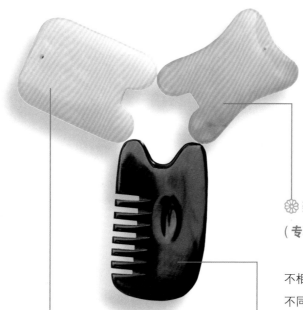

✿ 美容刮痧玉板

（**专利号** ZL02 2 43809.2）

面部美容刮痧玉板四个边形状均不相同，其边角的弯曲弧度是根据面部不同部位的解剖形态设计的，短弧边适合刮拭额头，长弧边适合刮拭面颊，两角部适合刮拭下颌、鼻梁及眼周穴位。

✿ 全息经络刮痧板

（**专利号** 96201109.6）

全息经络刮痧板呈长方形，边缘光滑、四角钝圆。其两长边可刮拭身体平坦部位的全息穴区和经络穴位，一侧短边为对称的两个半圆角，其两角部除适用于人体凹陷部位刮拭外，更适合做脊椎部位及头部全息穴位的刮拭。刮痧板的上端中心部位还设有小孔，可以穿入线绳，便于携带，以免跌落损坏。

全息经络刮痧板一般为玉石制品。玉石性味甘平，入肺经，润心肺，清肺热，有滋阴清热、养神宁志、健身祛病的作用。

✿ 多功能刮痧板梳

（**专利号** 96201109.6）

在原有水牛角全息经络刮痧板形状的基础上，将一个长边设计加工成粗厚的梳齿状，便于疏理头部的经穴，既能使用一定的按压力，又不伤及头部皮肤，也不会产生静电。其余部位使用方法与玉石刮痧板梳相同，多功能全息经络刮痧板梳既适合躯干和四肢刮痧又适合头部刮痧。

选用水牛角作刮痧器具，是因为水牛角质地坚韧，光滑耐用，具有发散行气，清热解毒，活血化瘀的作用。

❀ 刮痧油

刮痧油选用具有清热解毒、活血化瘀、消炎镇痛作用，而没有毒副作用的中草药及渗透性强、润滑性好的植物油加工而成。中药的治疗作用有助于疏通经络，宣通气血，活血化瘀。植物油有滋润保护皮肤的作用。刮痧时涂以刮痧油不但减轻疼痛，加速病邪外排，还可保护皮肤，预防感染，使刮痧安全有效。

❀ 美容刮痧乳

面部刮痧时应用美容刮痧乳。因为刮痧油是液体的，涂于面部时，很容易流到或滴到眼睛里、脖颈处。美容刮痧乳为含有中草药成分的软膏剂型，润滑性好，其中的中药成分药性平和，有活血化瘀、改善面部微循环、滋养皮肤的功效，对皮肤无刺激性，无副作用。

❀ 毛巾或清洁的纸巾

用于刮拭过程中和刮拭后的擦拭。要选用清洁卫生、柔软，对皮肤无刺激、无伤害的棉质毛巾。

重点提示

1 刮痧板的清洗：刮拭完毕后可用肥皂清洗，或以酒精擦拭消毒，水牛角刮痧板不可高温消毒。

2 刮痧板的保存：水牛角刮痧板洗净后应立即擦干，最好放在塑料袋或皮套内保存。因为水牛角制品如果长时间置于潮湿之处或干燥的空气中，会开裂，影响使用寿命。玉质刮痧板保存时要避免磕碰。

3 刮痧板最好专板专用，避免发生交叉感染。

4 不要用红花油作应急刮痧油：因为红花油里面含有辣椒素会刺激皮肤，再加上反复刮拭会使皮肤变得粗糙，还会引起皮肤过敏或生黑斑。在没有专用刮痧油的时候，可以用水、植物油等作应急代替。

贰 刮痧前应掌握的知识 二一

刮痧基本原则

学习刮痧应该先了解刮痧的一些基本原则，包括刮痧的注意事项，特别是几项不适合刮痧的禁忌症，以及刮痧的按压力、速度、角度等基本知识，并且应该知道刮痧的基本操作步骤和刮痧后的正常反应及异常反应的相应处理方法。

❀ 刮痧的注意事项

❀ 六大基本注意事项

1 刮痧时应避风和注意保暖

刮痧时皮肤汗孔处于开放状态，如遇风寒之邪，邪气会直接进入体内，不但影响刮痧的疗效，还会引发新的疾病。刮痧后应将被刮部位覆盖再走出室外，若是面部刮痧，半小时后方可到室外活动。

2 每次只治疗一种病症

要严格掌握每次只治疗一种病症的原则，并且每次刮拭时间不可过长。不可连续大面积出痧，以免伤及体内正气。需要刮拭多个全息穴区、经络穴位时，可以交替选用，每次选刮3~4个部位即可。

3 不可片面追求出痧

刮痧时只要刮至皮肤汗孔清晰可见，无论出痧与否，都可宣泄病气，有治疗作用。血瘀之证、实证、热证容易出痧，虚证、有些寒证、肥胖之人与服激素类药物后均不易出痧，室温低时也均不易出痧。对于不易出痧的病症和部位，只要刮拭方法和部位正确，就有治疗效果。片面追求出痧而过分刮拭，不仅消耗正气，还可能造成软组织损伤。

4 刮痧后要喝1杯温开水

刮痧过程出痧或汗孔开放，邪气外排，会消耗部分体内津液，刮痧后喝1杯温开水，可补充水分，还可促进新陈代谢，加速代谢产物的排出。

5 刮痧后3小时方可洗浴

刮痧后要等皮肤毛孔闭合后，方可洗浴，以避免风寒之邪侵入体内。一般需要在3小时以后洗浴。

6 身体各部位刮痧注意事项

面部

1.面部刮痧应先涂专用美容刮痧乳，不可干刮，以免损伤皮肤。应从内向外沿肌肉纹理走向，顺应骨骼形态单方向缓慢刮拭。一般不刮出痧来。

2.面部刮痧应缓慢、柔和、均匀、平稳地刮拭。

3.面部痤疮急性期，炎症明显时，不宜刮拭面部。有红血丝处酌情轻刮或禁刮。

头部

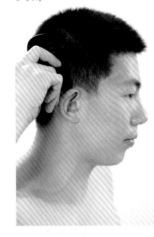

1.头部刮痧一般不涂刮痧油，头发稀少者可酌情涂少量刮痧油。要有渗透到头皮下肌肉深部的按压力，对于严重动脉硬化或糖尿病患者，按压力要适当减小。

2.头皮有毛囊炎、疖肿部位要避开刮拭。

3.有神经衰弱者最好白天做头部刮痧，睡前不要刮。

胸部

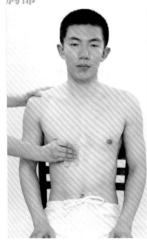

1.胸部皮肤薄，且敏感，加之瘦弱的人肋骨凸显，用平刮法沿肋骨走形从内向外缓慢刮拭。胸部不可用刮痧板棱角沿两肋间隙刮拭。

2.胸部乳头处禁刮。

腹部

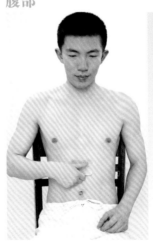

1.饭后半小时方可进行腹部刮痧。

2.腹痛患者应明确诊断后再刮痧，内脏出血，不明原因的腹痛要禁刮。

3.内脏下垂者，要从下向上刮。

背部

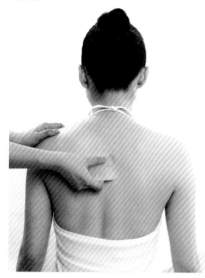

1.背部正中线脊椎棘突明显者，以及腰骶部皮下脂肪、肌肉比较薄弱处，用补法刮拭，时间要短，以免伤及骨骼。

2.背部部位较长，宜分段刮拭整个背部，体质虚弱者应分次刮拭。

四肢

1.刮拭各关节时，应使肌肉放松，顺应骨骼的形态向下方滑动刮拭，遇到骨骼突起处、肌肉不丰满、脂肪比较少处，按压力要顺势减轻。

2.有下肢静脉曲张或下肢浮肿时要从下向上刮拭。

3.关节腔内有积水者，关节急性炎症期，肌腱、韧带损伤急性期，局部不宜刮，可取远端穴位刮拭。

六大禁忌症

下列 6 种情况，不适合进行刮痧治疗。

1 严重心脑血管病急性期、肝肾功能不全者禁刮。

2 原因不明的肿块和恶性肿瘤部位禁刮。

3 有出血倾向的疾病，如血小板减少症、白血病、严重贫血等病症禁刮。

4 妇女月经期、怀孕期间下腹部和腰骶部禁刮。

5 韧带、肌腱急性损伤部位，新发生骨折处，及外科手术疤痕处，均应在 3 个月之后方可进行刮痧治疗。

6 感染性皮肤病，皮肤破溃、渗液处，严重下肢静脉曲张局部禁刮。

✿ 刮拭要领

下面的刮拭要领会在具体刮痧治疗过程中帮大忙。

✿ 刮拭角度

一般刮痧板与刮拭方向皮肤间的夹角应小于45度，在疼痛敏感的部位，最好小于15度。

✿ 按压力

刮拭过程中要始终保持一定按压力。这样才能将刮拭的作用力传导至深层组织，若只在皮肤表面摩擦，不但没有治疗效果，还会形成表皮水肿。根据具体体质、病情和局部解剖结构(骨骼凸起部位、皮下脂肪少的部位、大血管所在处，按压力应适当减轻)具体区分按压力的大小。

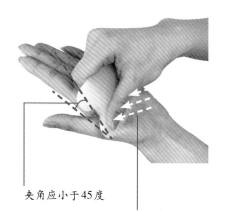

夹角应小于45度

刮拭过程中要始终保持一定按压力。

✿ 刮拭速度

刮拭时要匀速、用力均匀。刮拭速度过快，用力不均匀，均会使疼痛感加重。

✿ 刮拭长度

一般以穴位为中心，总长度约8~15厘米(3~5寸)，以大于穴区范围为原则。如果需要刮拭的经脉较长，可分段刮拭。

✿ 刮拭顺序和方向

一般以自然顺序为序：先刮拭头面部，身体部位先上后下，先背腰后胸腹，先躯干后四肢，先阳经后阴经。也可以根据需要单独选择某个部位刮拭。

背腹部、四肢刮拭方向：自上而下刮(如肢体浮肿、静脉曲张、内脏下垂则从下向上刮)。

面部、肩部、胸部刮拭方向：从内向外按肌肉走向刮拭。

✿ 刮拭时间

一般一次刮痧治疗应在20~30分钟之内，体弱者还应适当缩短时间。刮拭时间长短应视具体情况而异：体质强壮者或刮拭速度慢时，刮拭时间可适当延长；反之，体弱者或刮拭速度快时则应短些。

✿ 刮痧治疗间隔

刮痧治疗间隔也要根据被刮拭者的体质、刮痧后的恢复情况而定，同一部位以局部皮肤痧象完全消退，疲劳和触痛感消失为准。痧的消退一般需要5~7天，快者2~3天，慢者则需要2周左右。

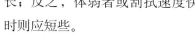

如果需要刮拭的经脉较长，可分段刮拭。

❀ 刮痧操作步骤

❀ 两种刮痧方式

刮痧防病治病有两种方式，一种是涂刮痧油刮拭法，另一种是不涂刮痧油刮拭法。

不涂刮痧油刮拭法

刮拭时间短，不涂刮痧油，直接在皮肤上或隔衣刮拭。有激发经气运行，疏通经络，舒筋活血的作用。刮至局部潮红或有热感即可，可以天天刮拭，无时间要求和间隔之说。头部、手掌、足底等部位可直接在皮肤上刮拭，其他部位可隔衣刮。适合病情轻者以及需要每天刮拭促进健康者。

涂刮痧油刮拭法

清洁皮肤后，在相应部位涂适量刮痧油，直接在皮肤上刮拭。适合需要活血化瘀，寻找或消除阳性反应的部位。每个部位刮至出痧或毛孔开泄，每次20~30分钟为宜。同一部位须痧消退后再进行第2次刮拭。这种方法适用于改善亚健康症状、各种疾病的治疗或定期清洁体内环境，保健脏腑。

两种刮拭方式在操作步骤上的区别就是是否需要涂刮痧油，所以下面仅以涂刮油刮拭法为例，说明刮痧的基本步骤。本书介绍的刮痧操作，无特别说明均是涂刮痧油刮拭法。

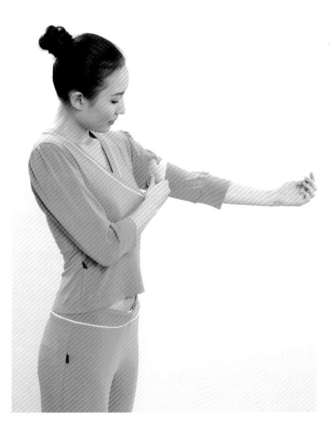

✿ 刮痧步骤

1 选择合适室温
以空气新鲜、冷暖适宜的室内环境为佳，室温以不低于18℃为宜。室温过高时应避免空调或风扇的冷风直吹。

2 选择刮痧体位
根据刮拭部位来决定合适的刮痧体位。

坐位 自己刮拭除腰部外的身体各处时多采取坐位。接受他人刮痧时，除胸腹部外，刮拭者最好面向椅背骑坐，双臂放在椅背上，使其身体有所依靠，或侧坐。

仰卧 在接受他人刮拭前头部、头顶部、面部、胸、腹部、下肢前侧等部位时宜采用仰卧。

俯卧 在接受他人刮拭后头部、肩、背、腰、下肢后侧等部位时宜采用俯卧。应在腹部下垫一软枕，托起腹部，可避免腰部下陷而造成腰、背部肌肉紧张，影响刮拭效果和增加疼痛感。

坐位	仰卧	俯卧

 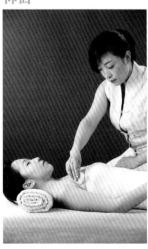 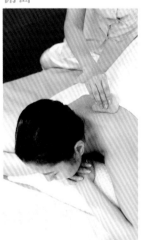

3 定穴区，涂刮痧油
根据体质、病症和治疗目的，选定并充分暴露要刮拭的部位，用纸巾保护好刮拭部位下面的衣服。在刮拭的穴区处涂上刮痧油(如果是面部，涂上美容刮痧乳)。

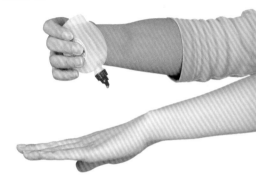

4 刮痧操作
手持刮痧板，先用刮痧板边缘将滴在皮肤上的刮痧油自下向上涂匀，再根据刮拭部位选择适当的刮拭方法，自上向下或由内向外多次向同一方向刮拭。刮拭方向：背部、腹部和四肢都是从上向下刮拭，肩部应从颈部分别向两侧肩峰处刮拭，胸部肋骨部位从内向外刮拭。根据体质和具体刮拭部位及刮拭目的确定刮拭时间和轻重手法。

5 结束
刮拭结束后，用清洁的纸巾或毛巾按压在所刮之处，擦拭干净残留油渍，迅速穿衣保暖，饮适量温开水。

❀ 刮拭后的反应

❀ 正常反应

痧象

　　刮痧后，可能有的部位皮肤会出现颜色不同的痧象，有时甚至会在皮肤下深层部位触及大小不一的包块状痧，这些部位的皮肤处可能第二天才显现出深色的痧斑。这些都属于刮痧后的正常出痧现象，它们提示了不同的健康信息。

疼痛感

　　虽然通过减小刮痧板与皮肤的夹角、均匀用力、缓慢刮拭等方法可以减轻刮痧过程中的疼痛感，但疼痛感是经脉气血不通畅的标志，并不能完全消失。刮完痧后，出痧较多处或有结节等不平顺的部位，1~2天之内触摸局部时，会有轻重不同的疼痛感是正常现象。

❀ 异常反应

疲劳

　　少数体质虚弱者如果刮痧时间过长，或用力过重，会在24小时内有疲劳反应。一般不需特别处理，只要充分休息后即可恢复正常。

晕刮

　　刮痧过程中接受刮拭者出现精神疲倦、头晕目眩、面色苍白、恶心欲吐、出冷汗、心慌、四肢发凉等症状，就是发生了晕刮。晕刮的原因多为被刮者精神紧张，刮拭部位过多，手法过重，空腹或疲劳过度时刮痧所致。

晕刮的防治

　　1.了解刮痧，消除顾虑和紧张心情。

　　2.避免在空腹、熬夜、过度疲劳时接受刮痧治疗。

　　3.刮痧时要选择舒适的体位和适当的手法，刮拭部位要少而精，刮拭时间不要过长。

　　4.刮拭过程中，发现晕刮先兆，应立即停止原来的刮拭，让发生晕刮者平躺，盖上衣被保暖，并喝杯温开水或糖水。反应较重者，立即用刮板角部轻轻点按人中穴，并泻刮百会穴和涌泉穴，待情况好转后，继续刮内关、足三里。

❀ 刮痧治疗的补泻手法

中医认为"百病之生，皆有虚实"，中医治疗就是通过"实则泻之，虚则补之"来调整虚实，以达到正气充足，阴阳平衡。原则上实证刮痧时要用泻法，虚证要用补法。实际生活中，单纯的虚证或实证较少，而最多的还是虚实夹杂之证，所以刮痧中运用最多的还是平补平泻法。另外泻法刮拭速度过快会增加疼痛，在刮痧时即使遇到实证患者，仍采用速度慢、按压力大的平补平泻的手法以减轻疼痛。

❀ 刮痧的补泻手法

刮痧的补泻手法是通过刮拭的速度和按压力的大小决定的。

补法

刮拭按压力小，速度慢，刮拭时间短，适用于久病、重病、体弱、虚证患者。

泻法

刮拭按压力大，速度快，刮拭时间长，此法原则上适用于年轻体壮、新患病、患急病或实证者，但因会增加刮拭时的疼痛感而实际很少应用。

平补平泻法

是补和泻手法的结合，按压力适中，速度不快不慢，刮拭时间也介于补法和泻法之间，适用于虚实兼见证的治疗或正常人保健。对于实证患者多采用按压力大、速度慢的手法刮拭，也属于平补平泻的一种手法。

❀ 刮痧适当宣泄有补益效果

刮痧本身就是宣泄疗法——使毛孔开启，泄出痧毒；所以无论用何种手法，本质上都是在宣泄病气、排毒化瘀，是在起着泻的作用。但在刮痧过程中，经脉得到了疏通，细胞补充了氧气和营养物质，又有明显的补益效果。所以刮痧的作用特点是以宣泄的方式实现补益的效果，即"以泻为补"，"以通为补"。

正因为刮痧是种宣泄疗法，无论应用哪种手法，如大面积、长时间刮拭，毛孔开泄，出痧过多，也会宣泄过度，正气消耗过多，不利于肌体健康。所以刮痧疗法对刮拭时间、部位有严格的要求，每次刮拭的部位不可过多，时间不可过长。

刮痧治疗的运板方法

前面我们在『刮拭要领』中提到过刮痧板的角度、刮痧的按压力和刮拭速度，这些都与刮痧握板和运板方法有很大关系。

✿ 握板方法

正确的拿板方法是把刮痧板的长边横靠在手掌心，大拇指和其它四个手指分别握住刮痧板的两边，刮痧时用手掌心的部位向下按压。单方向刮拭，不要来回刮。刮痧板与皮肤表面的夹角一般为30度到60度，以45度应用的最多，这个角度可以减轻刮痧过程中的疼痛，增加舒适感。

身体平坦部位和凹陷部位的刮拭手法不同，持板的方法也有所区别。但是无论什么手法，手指末端离刮痧板接触皮肤的部位越近，刮拭越省力，效果越好。

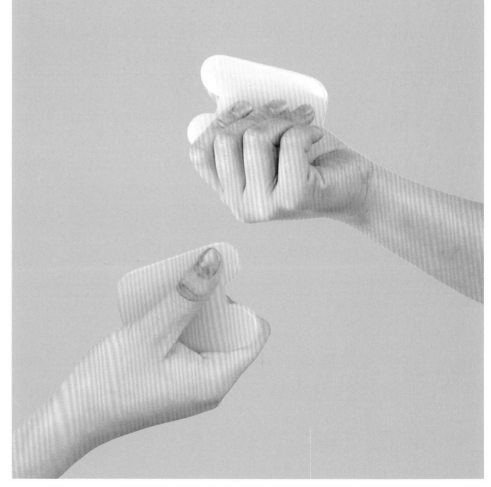

✿ 运板方法

　　刮痧时，根据身体各部位的解剖形态和治疗的需要，运板方法可归纳为基本运板方法与特殊运板方法两类。

✿ 基本运板方法

面刮法

　　将刮痧板长边的1/2或整个长边接触皮肤，刮痧板向刮拭的方向倾斜，自上而下或从内到外均匀地向同一方向直线刮拭，每次有一定的刮拭长度。刮痧板倾斜的角度一般是30~60度，45度夹角最常用。此方法适用于身体平坦部位的刮拭。

拍打法

　　将五指和手掌弯曲成弧状拍打，拍打手法多用于四肢，特别是肘窝和膝窝的经穴。拍打前一定要在拍打部位涂抹适量刮痧油，而且躯干部位和颈部禁用拍打法。气血瘀滞严重时，拍打肘窝和膝窝可能会有青黑色、较密集的痧象出现。

厉刮法

　　将刮痧板角部与穴区垂直，刮痧板始终不离皮肤，并施以一定的压力做短距离(约1寸长)前后或左右摩擦刮拭。这种方法适用于头部全息穴区刮拭。

45度

弯曲的指掌与肘窝和膝窝完全接触，称为实拍；指掌弯曲弧度增大，手掌中间不接触皮肤，称为空拍。空拍与实拍作用相同，空拍可以减轻疼痛。

角刮法

　　单角刮法：用刮痧板的一个角在穴位处自上而下刮拭，刮痧板向刮拭方向倾斜45度。

　　双角刮法：用刮痧板凹槽处的两角部同时刮拭，称为"双角刮法"，如将刮痧板凹槽骑跨在突起的部位上(比如脊椎、鼻梁、下颌边缘等处)，双角同时刮拭脊椎棘突两侧或鼻两侧的部位。

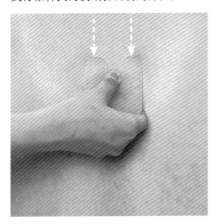

点按法

　　将刮痧板角部与穴位呈90度垂直，向下按压，由轻到重，逐渐加力，片刻后迅速抬起，使肌肉复原；多次重复，手法连贯。适用于人中、膝眼等处穴位。

按揉法

　　平面按揉法：用刮痧板角部的平面以小于20度按压在穴位上，做柔和、缓慢的旋转运动，刮痧板角部平面始终不离开接触的皮肤，按揉压力应渗透至皮下组织或肌肉。适用于合谷、足三里、内关以及手足全息穴区和其他疼痛敏感点。

　　垂直按揉法：将刮痧板的边缘以90度垂直按压在穴位上，做柔和、缓慢的旋转运动，刮痧板始终不离开所接触的皮肤。适用于骨缝部的穴位和第二掌骨桡侧全息穴区。

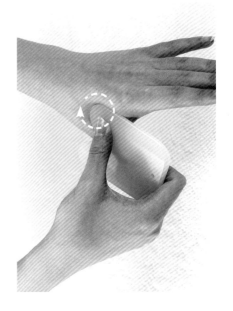

疏理经气法

　　沿经脉的循行部位，用刮痧板长边自上而下循经刮拭，用力均匀、平稳、连续不断。一次刮痧面宜长，一般用于上、下肢或背部分段刮痧完毕后，从肘、膝关节部位一直刮到指、趾尖或从颈椎处一直刮到腰椎以下。

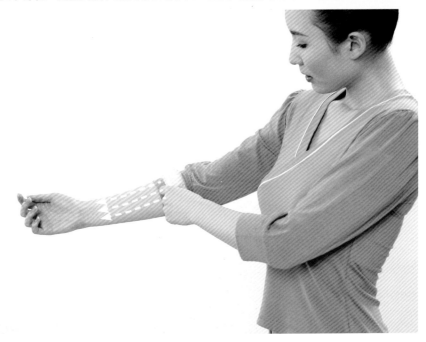

平刮法

操作方法与面刮法相似，只是刮痧板向刮拭的方向倾斜的角度小于15度，并且向下的渗透力比较大。可以减轻疼痛，适合刮拭身体较敏感部位，如面部、脏腑器官体表投影区等。

揉刮法

以刮痧板整个长边接触皮肤，刮痧板与皮肤的夹角小于15度，均匀、缓慢、柔和地作弧形旋转刮拭。揉刮法可以减轻疼痛，多用于面部刮痧，腹部、腋窝保健刮痧和消除结节、疼痛等阳性反应。

提拉法

两手各持一块刮痧板，放在面部同一侧或不同侧，用刮痧板整个长边接触皮肤，刮痧板向刮拭方向倾斜，角度以20~30度为宜，两块刮痧板交替从下向上刮拭，刮拭的按压力渗透到肌肉深处，以肌肉运动带动皮肤提升，提升的拉力和向下按压的力度相等。这种方法主要用于面部。

推刮法

以刮痧板整个长边接触皮肤，刮痧板向刮拭的方向倾斜，角度要小于45度(面部刮痧时要小于15度)，自上而下或从内向外均匀的向同一方向缓慢直线刮拭，推刮法比平刮法按压力要大、刮拭速度要慢，每次刮拭距离要短。常用于面部、脏腑器官体表投影区、腰背肌部位和疼痛区域的刮拭，有利于发现和消除刮痧板下的不平顺、结节等阳性反应物。

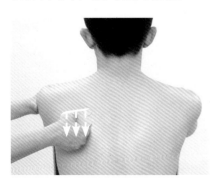

摩刮法

将刮痧板置于手掌心或四指部位，手不接触皮肤，2块刮痧板平面紧贴面部两侧皮肤，以掌心或四指力量按压刮痧板的平面，使力量渗透至面部肌肉深处，2块刮痧板在面部两侧同时自下而上或从外向内均匀地连续做缓慢、柔和的旋转移动，向前移动的推动力要小于向下按压的力量。摩刮法多在面部重点穴区刮拭后或刮痧即将结束时应用。

刮痧 治疗常见病 张秀勤

刮痧治疗内科常见病

人吃五谷杂粮，五脏六腑难免生病痛，这些内科病轻微的让我们难受一时，比如感冒、咳嗽，严重的让我们难受一世，比如胃炎、高血压、糖尿病等。小小刮板是对付这些内科病痛的好武器，经常刮刮，不论大病、小病全都会减轻，有的甚至再『不敢』来了。

头痛

头为阳之首，脑为髓之海，所以头痛时不可不在意。引发头痛的原因众多，有时是心理压力过大，精神过分紧张所致，有时是因为某些病症导致，不论哪种原因引起的头痛都对脑部神经和组织器官不利，除了采取紧急措施缓痛外，更要从根本上施以治疗，像高血压性头痛、脑出血或动脉瘤导致的头痛更须及早就医。

无论何种原因引起的头痛，均与循行于头部的经脉气血失调，气滞血瘀有关。因此刮拭寻找并疏通头部和头部对应区的疼痛区域可以快速缓解头痛症状。

方法 1 刮拭全头，寻找痛点重点刮拭

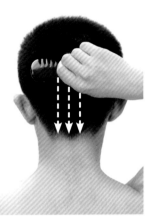

1 用水牛角刮痧梳子以面刮法刮拭全头，先刮侧头部，将刮痧板竖放在发际头维穴至耳上处，从前向后刮至侧头部下面发际边缘处。

2 再刮头顶和后头部，先从百会穴开始向前刮至前头发际处，再从百会穴向下刮至后头发际处。刮拭时注意寻找有疼痛感觉的区域，对疼痛部位要重点刮拭，每个部位刮拭20~30下至头皮处有热感。

头维：位于头侧部，在额角发际上5分处，头正中线旁开4.5寸。

百会：位于两耳直上头顶正中处。

❀ 取穴原理

刮拭头部可以直接疏通头部经脉气血，快速缓解和治疗各种头痛。

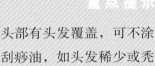

重点提示

1 头部有头发覆盖，可不涂刮痧油，如头发稀少或秃顶，可涂适量刮痧油。

2 偏头痛需重点刮拭侧头部，并在侧头部寻找疼痛点。

3 头皮有疖肿处应避开。

方法 2 刮拭头部、颈部的全息穴区

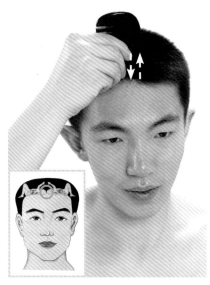

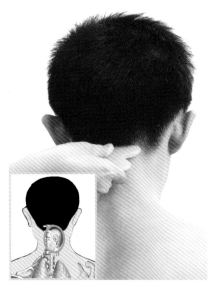

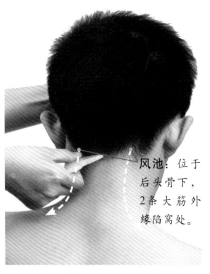

风池：位于后头骨下，2条大筋外缘陷窝处。

1 先用厉刮法刮拭额头正中额中带，侧头部的顶颞前斜带和顶颞后斜带的下 1/3 段。

2 再用面刮法从上向下刮拭颈椎后侧头部对应区，再以双角刮法刮拭两侧的棘突和横突之间（膀胱经的位置）。

3 最后刮拭颈部两侧的胆经，从风池穴刮至颈根部。风池穴是治疗头痛的重要穴位，要用单角刮法重点刮拭，有疼痛和结节等阳性反应的区域也需重点刮拭。

额中带：位于额部正中发际线内，自神庭穴（前发际正中直上 5 分处）向下 1 寸，左右各旁开 0.25 寸的条带。

颈椎后侧头部对应区：第 1~3 颈椎及两侧 1.5 寸宽的范围。反映和调节头面、五官及颈部健康状况。

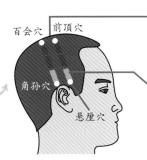

百会穴　前顶穴　角孙穴　悬厘穴

顶颞后斜带
是百会穴至角孙穴的连线，向前后各旁开约 0.5 寸的条带，下 1/3 对应头面区、大脑皮层的晕听区、语言区，反应头面部、五官的感觉状况。

顶颞前斜带
是前顶穴至悬厘穴的连线，向前后各旁开约 0.5 寸的条带，下 1/3 对应头面区、大脑皮层的晕听区、语言区，反应头面神经及口腔的运动状况。

方法 3 刮拭相关单穴

1 各种头痛均可用平面按揉法刮拭双侧经外奇穴太阳穴。

2 感冒头痛可用平面按揉法刮拭手背部双侧大肠经原穴合谷，及与其相表里的肺经络穴列缺。

3 感冒和内伤头痛可用面刮法或平面按揉法刮拭腕部外侧外关，及腕部内侧对应穴位内关。

4 偏头痛、头顶痛者用垂直按揉法按揉足拇指与次趾缝后肝经太冲穴，力度要重，每按压15秒钟放松1次，直到头痛缓解为止。

✿ 取穴原理

太阳穴是治疗头痛的经外奇穴，其余各组穴为原、络配穴法，有直接或间接疏通头部经脉，改善神经调节而治疗头痛、偏头痛和头目眩晕。

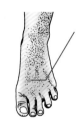

太冲穴：位于足拇趾与次趾的趾缝后约2寸处。

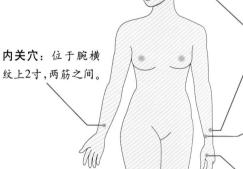

内关穴：位于腕横纹上2寸，两筋之间。

太阳穴：位于外眼角和眉梢之间，向后约1寸的凹陷处。

外关穴：位于腕关节背面中央直上2寸，在两骨之间，与内关穴相对。

列缺穴：位于桡骨上方，腕横纹上1.5寸。

合谷穴：位于手背部第二掌骨桡侧缘的中点。

失眠

失眠是由于脏腑功能紊乱，气血亏虚，阴阳失调，导致的夜不能寐。轻者入睡困难或者极易醒，醒后很难再入睡，重者彻夜难眠，或者整晚做恶梦，严重影响睡眠质量，长期失眠会导致头痛、头昏、心悸、健忘、多梦等。

方法 1 刮拭头部、背部、下肢经穴

1 用单角刮法刮拭头顶四神聪。

2 用单角刮法刮后头部风池、安眠穴。

3 面刮法自上向下刮拭背部心俞至脾俞。

安眠穴：位于颈部乳突下凹陷处前5分。

四神聪：位于头顶百会穴前、后、左、右各1寸处，共4穴。

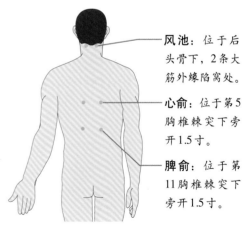

风池：位于后头骨下，2条大筋外缘陷窝处。

心俞：位于第5胸椎棘突下旁开1.5寸。

脾俞：位于第11胸椎棘突下旁开1.5寸。

❀ 取穴原理

四神聪属局部取穴，与心俞相配，可宁心安神；风池穴可疏调肝胆；脾俞健脾益气养血，安眠穴是治疗失眠的经外奇穴。

方法 2 刮拭头部全息穴区

⊛ 取穴原理

刮拭额顶带、额旁带、顶颞后斜带这3处全息穴区均可辅助改善失眠症状。

额顶带：位于神庭穴至百会穴的连线左右各旁开约0.5寸的条带。

额旁1带：额中带外侧、目内眦直上入发际，自眉冲穴向下1寸，左右各旁开0.25寸的条带。

百会穴
角孙穴

顶颞后斜带：位于百会至角孙穴的连线，向前后各旁开约0.5寸的条带。

用厉刮法先刮拭头部额旁1带，再刮额顶带后1/3，然后刮双侧顶颞后斜带下1/3。

方法 3 刮拭全头、足底

1 每日晨起用面刮法刮拭全头部经脉，用水牛角刮痧梳子按侧头部从前向后下方刮、头顶部百会向前刮、后头部从上向下的顺序刮拭。

百会

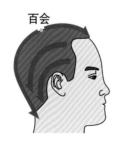

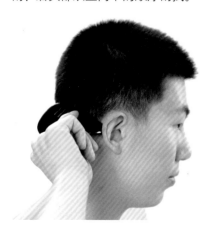

⊛ 取穴原理

全身的阳经均上达于头部，坚持每日晨起按顺序刮拭全头，畅达全身的阳气，提高神经的兴奋性，睡前刮拭足部有利于脑神经迅速转为抑制状态而加快入睡，二者结合是治疗失眠症的有效方法。

以将头部、足底刮至有热感为宜。

2 每晚睡前刮拭全足底。

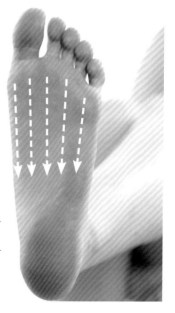

眩晕

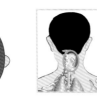

眩晕的主要表现为头晕、眼花。症状轻者，闭目可止眩；重者则旋转不定，突然仆倒。眩晕症状常见于内耳性眩晕症（又称美尼尔氏病）、晕动病、急性迷路炎、高血压、脑动脉硬化、贫血、神经衰弱等病也会伴有眩晕现象。

眩 晕 不能站立，有时伴有恶心呕吐、汗出、面色苍白等症状，严重时可能会

中医认为肝阳上亢、痰瘀内阻或脑髓不充、脑窍失养是导致眩晕的原因。

快速止眩法

方法 1 刮拭头颈部全息穴区

1 用厉刮法刮拭前额额中带，顶颞后斜带下 1/3、额顶带后 1/3。

2 用面刮法和双角刮法从上向下刮拭颈椎头部对应区。

额顶带：位于神庭穴至百会穴的连线左右各旁开约0.5寸的条带。

颈椎头部对应区：颈椎第1~3节部位，相当于同水平段的督脉、膀胱经和胆经循行线。

额中带：位于额部正中发际线内，自神庭穴（前发际正中直上5分处）向下1寸，左右各旁开0.25寸的条带。

顶颞后斜带：位于百会至角孙穴的连线，向前后各旁开约0.5寸的条带。

百会穴
角孙穴

✿ 取穴原理

额中带主治眩晕，顶颞后斜带下1/3可治疗耳聋、耳鸣、眩晕。额顶带后1/3可补肾气，起到强壮体内原气的作用。颈椎头部对应区可调治头部血管神经失调病症。

叁｜刮痧治疗内科常见病｜三一

方法 2 刮拭头部相关经穴

头维

太阳

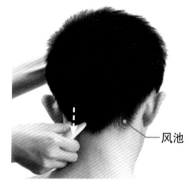

风池

1 刮拭百会（取穴方法见26页）及其四周四神聪穴（取穴方法见29页）。

2 用平面按揉法按揉双侧太阳穴，用单角刮法刮拭头维穴。

3 刮拭后头部风池穴。

❀ **取穴原理**

　　脑为元神之府，百会穴可疏散风邪，四神聪和太阳穴是治眩晕的奇效穴，头维可疏调局部气机，风池清热散风、醒脑开窍。

日常调理治疗

方法 1 刮拭头部胆经、督脉相关穴位

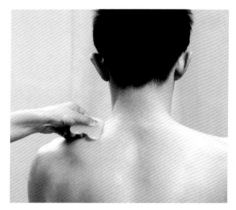

头临泣：目正视取穴，瞳孔直上，入发际5分处。

风府：位于后发际正中直上1寸。

肩井：位于大椎穴与肩峰连线的中点。

风池

①用平补平泻法先以面刮法刮拭双侧头临泣穴。②自上而下刮风府穴。③用面刮法从风池穴刮至颈根部。④用面刮法从内向外刮拭肩井穴。

❀ **取穴原理**

　　头临泣穴可疏通局部热邪，风池穴、肩井穴有祛风活络功效，风府穴可疏解脑府之风邪。

方法 2 刮拭中指、第二掌骨桡侧头部对应区

✿ 取穴原理

每天选取 1~2 个与头部对应的全息穴区进行刮拭，可辅助治疗头部疾病，包括眩晕症。

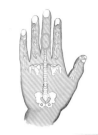

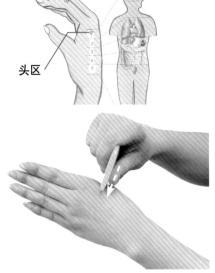

头区

1 以面刮法刮拭中指第三指节头部对应区。

2 用垂直按揉法按揉第二掌骨桡侧头部对应区。

方法 3 刮拭背部膀胱经相关穴位

✿ 取穴原理

肝俞可平肝凉血、活络止痛，肾俞是肾气转输于后背体表的部位，可滋阴补气，强健脑髓，与肝俞配穴可理气凉血，调治眩晕。

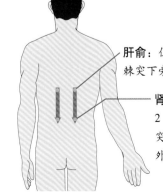

肝俞：位于第九胸椎棘突下旁开1.5寸。

肾俞：位于第2与第3腰椎棘突间凹陷处的外侧1.5寸处。

用平补平泻法以面刮法自肝俞刮至肾俞。

咳嗽

咳嗽是肺脏疾病的主要症状之一，有急慢性之分，急性为外感，慢性属内伤。外感咳嗽调治不当，可转为慢性咳嗽。慢性咳嗽迁延日久，或年老体弱，脏器大伤，则可并发哮喘。下面的刮痧方法可以缓解外感或内伤咳嗽的症状。

❁ 辨识咳嗽的性质

外感咳嗽：外感咳嗽即感冒引起的风寒咳嗽、风热咳嗽，急性上呼吸道感染、气管炎。

内伤咳嗽：内伤咳嗽即慢性气管炎，支气管扩张，肺部感染。

方法1 刮拭背部、上肢相关经穴

1 用面刮法从上向下刮拭双侧大杼至肺俞穴。

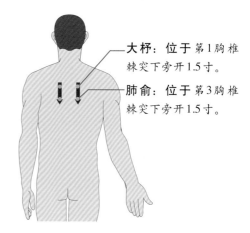

大杼：位于第1胸椎棘突下旁开1.5寸。

肺俞：位于第3胸椎棘突下旁开1.5寸。

2 用面刮法从上向下分别刮拭双上肢尺泽、列缺穴。

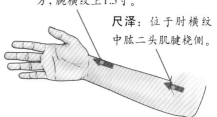

列缺：位于桡骨上方，腕横纹上1.5寸。

尺泽：位于肘横纹中肱二头肌腱桡侧。

❁ 取穴原理

咳嗽是肺气不宣、肺气上逆的表现。大杼至肺俞可以疏风，宣肺解表，尺泽为肺经合穴，列缺为肺经络穴，诸穴配伍既可疏散肺经风寒，又可清泻肺热而达宣肺止咳化痰的效果。

方法 2 刮拭颈部、胸部全息穴区

❋ 取穴原理

咳嗽是风寒袭肺或风热犯肺引起的上呼吸道的炎症反应，刮拭咽喉、肺、气管体表投影区可以减轻局部的炎症，改善咳嗽症状。

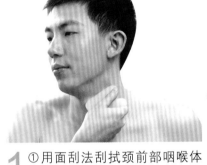

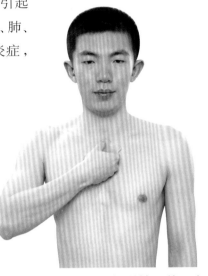

1 ①用面刮法刮拭颈前部咽喉体表投影区正中。②从廉泉穴缓慢向下刮拭。③用面刮法分别刮拭颈前两侧部位。

2 用刮痧板角部刮拭颈前正中下部凹陷处，即天突穴的部位，和胸部正中气管体表投影区（分段缓慢刮拭）。

3 用平刮法由内向外分别沿肋骨走形缓慢刮拭胸部两侧肺的体表投影区。

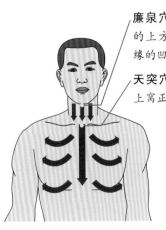

廉泉穴：在喉结的上方，舌骨上缘的凹陷处。
天突穴：在胸骨上窝正中。

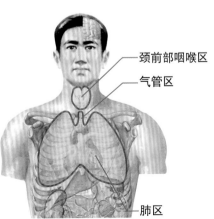

颈前部咽喉区
气管区
肺区

常用止咳食方

水晶萝卜梨汤：将白萝卜1个、梨1个、生姜3片，一同入锅并加适量水同煮，煮熟盛出稍凉，调入适量蜂蜜即可服食。日服2次。具有止咳化痰功效，适用于风寒引起的咳嗽。

呃逆

胃炎、胃扩张等引起膈肌痉挛所致。

呃逆俗称「打嗝」，可偶然单独发生，也可与其他病兼见，在一些急慢性疾病中或大病后期突然出现的呃逆，多为病趋危重的预兆。呃逆是由胃肠神经官能失调，或

方法 1 刮拭第二掌骨桡侧横膈区及手掌胃区上缘

用垂直按揉法按揉第二掌骨桡侧肝区和心区之间的横膈区，用单角刮法刮拭手掌胃区（具体位置见51页）。

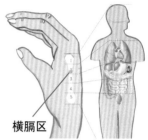

横膈区

方法 2 刮拭双侧奇穴呃逆

鱼腰：位于额部瞳孔直上，眉之中点处。取名鱼腰，是依眉毛形状和穴位所处位置——眉的正中央。

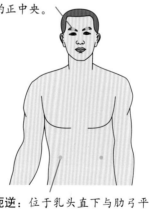

呃逆：位于乳头直下与肋弓平齐处。是治疗呃逆的奇效穴。

用刮痧板单角点按胸部双侧呃逆穴。

方法 3 按揉鱼腰穴

用平面按揉法按揉眉中鱼腰穴，将刮痧板边缘放在眉中鱼腰穴上，仔细寻找疼痛点，然后柔和缓慢地按揉疼痛点。

❀ 取穴原理

通过对穴位和全息穴区的刮拭刺激调整膈肌运动，可以快速缓解呃逆；另外，新的疼痛敏感点引起的兴奋灶可以分散和转移注意力，从而可迅速缓解呃逆。

加刮：任脉气海、关元，肾经双侧太溪

❀ 取穴原理

久呃不止是行气不顺的表现，刮拭气海至关元、点按太溪可以帮助调通体内气机运行的通路。

气海：位于前正中线，脐下1.5寸处。

关元：位于前正中线，脐下3寸处。

太溪：位于内踝后缘与跟腱内侧的中间，与内踝尖平齐处。

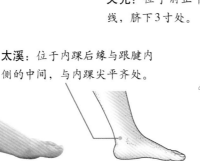

用补刮法，先自上而下面刮气海至关元穴。

用平面按揉法按揉双侧太溪穴。

缓解期刮痧治疗

刮拭背部、腹部相关穴位

膈俞：位于第7胸椎棘突下，旁开1.5寸。

膈关：位于第7胸椎棘突下，旁开3寸。

中脘：位于前正中线上，脐上4寸。

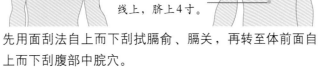

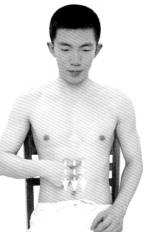

先用面刮法自上而下刮拭膈俞、膈关，再转至体前面自上而下刮腹部中脘穴。

❀ 取穴原理

呃逆是由膈肌痉挛导致的，刮拭膈俞和膈关的目的就是舒解痉挛的膈肌。

哮喘是当今世界上威胁公共健康最常见的慢性肺部疾病，是它由于支气管分支或其细支的平滑肌痉挛，气管壁粘膜肿胀和气管腔内粘稠分泌物增多，使空气不能顺畅出入所致。此病分发作期和缓解期，与肺和脾、肾功能失调有密切关系。

快速止喘刮拭法

刮拭背部、胸部、上肢相关穴位

1 先用按压力大、速度慢的手法，以面刮法从上向下刮拭颈部大椎，背部定喘、气喘、肺俞（取穴方法见下页）。

2 用单角刮法从上向下刮拭天突、中府、膻中。

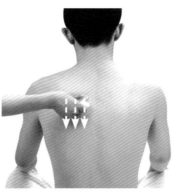

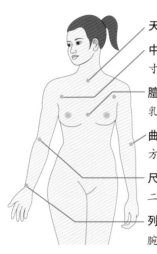

天突： 胸骨上窝正中。

中府： 位于前正中线旁开6寸，第1肋间隙中。

膻中： 位于前正中线上，两乳头之间，平第4肋间隙。

曲池： 肘横纹桡侧端稍外方的凹陷中。

尺泽： 位于肘横纹中，肱二头肌腱桡侧。

列缺： 位于桡骨上方，腕横纹上1.5寸。

❀ 取穴原理

大椎、曲池疏表散热，定喘、气喘两穴是治疗哮喘的奇效穴，肺俞、列缺、尺泽可宣肃手太阴肺经经气，中府与肺俞为俞募配穴可调补肺气止咳化痰。

3 用面刮法从上向下以按压力大的手法刮拭尺泽、曲池，最后刮列缺。

刮拭背部和四肢相关穴位

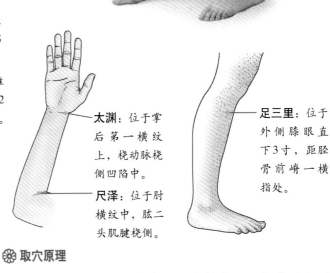

1 根据体质选用平补平泻法或用补法。分段用面刮法自上而下刮拭背部定喘、风门、气喘、肺俞、脾俞，再刮志室、肾俞。

2 用面刮法从上向下刮拭尺泽至太渊，重点刮太渊。

3 用面刮法从上向下刮拭足三里。

大椎：第7颈椎棘突下。

风门：第2胸椎棘突下旁开1.5寸。对称取穴。

肺俞：第3胸椎棘突下旁开1.5寸。

脾俞：第11胸椎棘突下旁开1.5寸。

肾俞：第2腰椎棘突下旁开1.5寸。

志室：第2腰椎棘突下旁开3寸。

定喘：第7颈椎棘突下旁开5分。对称取穴。

气喘：第7胸椎棘突下旁开2寸。对称取穴。

太渊：位于掌后第一横纹上，桡动脉桡侧凹陷中。

尺泽：位于肘横纹中，肱二头肌腱桡侧。

足三里：位于外侧膝眼直下3寸，距胫骨前嵴一横指处。

❀ **取穴原理**

　　定喘、气喘为治疗哮喘的奇效穴；风门主治气喘；肺俞可调解肺气；脾俞、志室、肾俞可补脾、肾之气；太渊为交会穴，可以宣肺止咳；足三里为胃经合穴，可调理脾胃。

中暑

中暑是夏季在烈日或高温环境下劳动或活动时，因暑热侵袭，致邪热内郁，体温调节功能失常，而发生的急性病变。

❀ 中暑的类型

❀ 中暑分为"虚脱型"和"高热型"两类

虚脱型中暑：症状为大量出汗，以致脱水、失盐、血压下降、脑缺血、晕厥，患者多为老年人和体弱者，所以虚脱型中暑禁用泻法。

高热型中暑：容易发生体温调节障碍而出现高热、昏迷等中暑现象，患者多为从事体力劳动者。

方法 1 中暑急救

1 用点按法以重力连续点按人中穴。

2 用单角刮法刮拭百会穴（取穴方法见26页）。

3 用面刮法刮拭内关穴。

4 用单角刮法从上向下刮拭膻中穴。

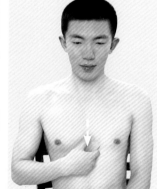

内关：腕横纹上2寸，两筋之间。

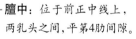

人中：位于鼻唇沟正中。

膻中：位于前正中线上，两乳头之间，平第4肋间隙。

❀ 取穴原理

暑为阳邪，易犯心包，致清窍闭塞，神志昏迷，刮百会、人中清热、开窍、醒脑，内关配膻中宁心开窍，宽胸理气，痧出暑热之邪得以宣散。

方法 2 刮拭背部 + 上肢穴

1 用面刮法从上向下刮拭大椎至至阳穴，双侧肺俞至心俞穴。

2 用面刮法从上向下刮拭内关，曲池穴，用平面按揉法按揉合谷穴。

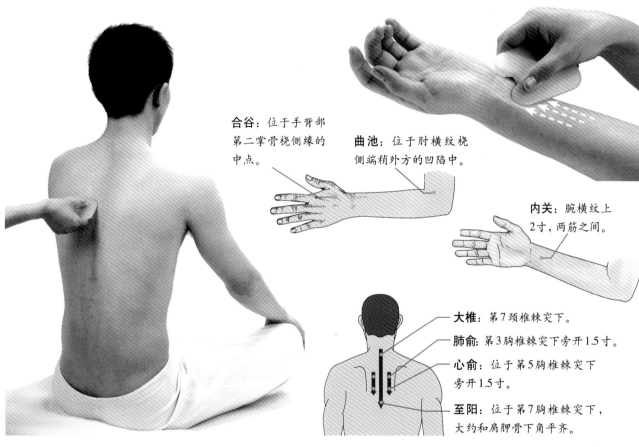

合谷：位于手背部第二掌骨桡侧缘的中点。

曲池：位于肘横纹桡侧端稍外方的凹陷中。

内关：腕横纹上2寸，两筋之间。

大椎：第7颈椎棘突下。

肺俞：第3胸椎棘突下旁开1.5寸。

心俞：位于第5胸椎棘突下旁开1.5寸。

至阳：位于第7胸椎棘突下，大约和肩胛骨下角平齐。

✿ 取穴原理

　　刮拭督脉大椎至至阳清泄暑热，膀胱经心俞配心包经俞穴宁心开窍、宽胸理气，肺俞配曲池、合谷清解肺热，清利头目，宣通毛窍。

急救提示

1 一旦发现有人中暑，应迅速将患者转移至清凉、通风的地方，给予冷饮或淡盐水300~500毫升。并可让其服用藿香正气水、十滴水、仁丹、千金消暑丸等解暑药物。

2 若遇昏厥、虚脱现象，应先以按揉人中穴。人中是一个急救穴，遇昏迷、抽搐、虚脱、休克、晕车、晕船时常用。

感冒

感冒是四季常见的外感病，以春、冬两季发病最多，多是由于外感风邪或时行病毒，客于肺卫所致，的上呼吸道炎症。中医认为感冒主要是因外感风邪或时行病毒或细菌感染引起将感冒分为风寒感冒，风热感冒，暑湿感冒。

❀ 风寒证

表现为恶寒重、发热轻、鼻塞、头身疼痛、无汗、鼻流清涕、口不渴、舌苔薄白，脉浮或浮紧。常得病于寒冷季节，或感受风寒邪气后。

需用按压力大、速度慢的手法刮拭

1 用单角刮法刮拭风池。并用面刮法刮颈部大椎及肺俞、肩胛部。

2 用单角刮法刮胸部中府。

3 用面刮法刮拭手拇指少商，再刮下肢足三里（取穴方法见39页）。

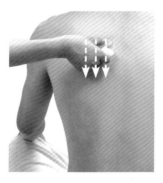

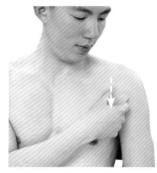

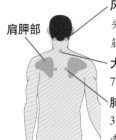

肩胛部

风池：位于后头骨下，2条大筋外缘陷窝处。

大椎：位于第7颈椎棘突下。

肺俞：位于第3胸椎棘突下旁开1.5寸。

中府：位于前正中线旁开6寸，第1肋间隙中。

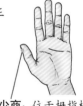

少商：位于拇指桡侧，距指甲角约1分处。

❀ 取穴原理

风池穴可疏风散寒；大椎穴可退热；刮拭前胸中府及背部肺俞属俞募配穴，可宣肺祛邪散寒；刮拭足三里可扶助正气。

✿ 风热证

表现为发热重、恶寒轻、咽喉肿痛、头身疼痛、出汗、鼻塞、鼻流浊涕、口渴、舌苔薄黄、脉浮数。常得病于春夏季，或感受热邪及寒邪入里化热。

需用按压力大、速度慢的手法刮拭

1 用单角刮法刮风池。用面刮法刮颈部大椎（取穴方法见39页）。

2 用面刮法从上向下刮拭曲池、尺泽、外关、合谷。

风池

✿ 取穴原理

取尺泽、风池、曲池、外关、合谷解表止痛，大椎重刮以泻热邪。

合谷：位于手背部第二掌骨桡侧缘的中点。

外关：位于腕背横纹上2寸，两骨之间。

支沟：位于腕背横纹上3寸，两骨之间。

曲池：位于肘横纹桡侧端稍外方的凹陷中。

✿ 暑湿证

表现为发汗、汗出热不解、头昏胀重、胸闷泛恶、苔黄腻、脉濡数。常得病于盛夏暑湿季节。

膻中：居于前正中线上，两乳头之间，平第4肋间隙。

中脘：前正中线，脐上4寸。

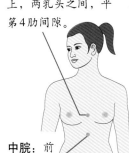

1 用单角刮法从上向下刮拭胸部膻中，再用面刮法刮拭腹部中脘。

2 用面刮法从上向下刮拭孔最、支沟和合谷。用同样方法刮拭足三里（取穴方法见39页）。

✿ 取穴原理

取孔最、合谷来宣肺解表；取中脘、足三里来和中健胃，化湿降浊；膻中穴可理气化痰，解胸闷。

孔最：位于太渊穴与尺泽穴连线上，太渊穴上7寸处。

尺泽：位于肘横纹中肱二头肌腱桡侧。

❀ 任何型感冒

全息穴区刮拭

1 以厉刮法刮拭额中带、额旁1带。

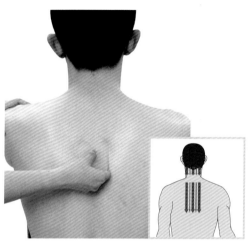

2 用面刮法和双角刮法刮拭颈椎的头部对应区和胸椎肺脏对应区。

3 用面刮法从上向下刮拭前颈部咽喉体表投影区，用单角刮法刮前胸正中气管体表投影区。

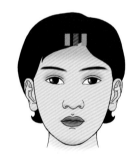

▌**额中带**：位于额部正中发际线内。
▌**额旁1带**：额中带外侧、目内眦直上入发际，自眉冲穴向下1寸，左右各旁开0.25寸的条带。

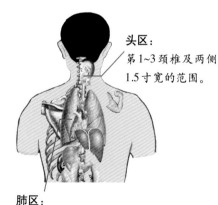

头区：
第1~3颈椎及两侧1.5寸宽的范围。

肺区：
胸椎1~9节及两侧背肌。

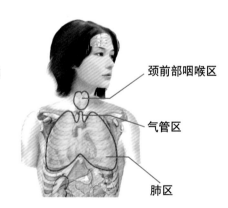

颈前部咽喉区

气管区

肺区

❀ 取穴原理

　　头部额中带为头部，包括咽喉对应区，额旁1带对应心肺区。刮拭咽喉、气管体表投影区有利于宣肺解表利咽。

胃炎

慢性胃炎是由于不良饮食习惯、长期忧思恼怒、烟酒或某些药物长期刺激的原因而引起的胃黏膜慢性炎症或萎缩性病变，属中医学的『胃脘痛』范畴。具体表现有进食后有饱胀感、嗳气，可伴有食欲减退、恶心、呕吐等，常反复发作。

方法 1 刮拭脾、胃、肝胆体表投影区和脊椎对应区

1 用平刮法分别从胸部正中向两侧刮拭脾脏体表投影区、肝胆体表投影区。从上向下刮腹部胃的体表投影区。

2 用平刮法分别从背部正中向两侧刮拭左背部脾脏体表投影区，右背部肝胆体表投影区。

3 用面刮法和双角刮法刮拭背部脾、胃、肝胆脊椎对应区。

 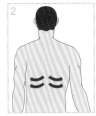 

注：某脏腑器官的脊椎对应区指的是与该器官等高范围内的脊椎及脊椎两侧各3寸宽的范围。

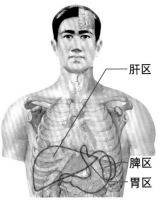

肝区
脾区
胃区

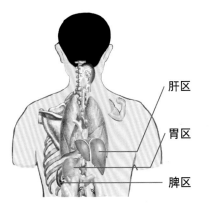

肝区
胃区
脾区

❀ 取穴原理

根据全息理论刮拭器官的体表投影区和脊椎对应区，可对相应器官起到调理作用。胃炎与脾脏和肝脏功能失调有关，所以通过刮拭脾和肝胆的对应穴区，对脾脏、肝胆信息加以调整，可以起到强健脾胃的功能。

方法 2 刮拭腹部、背部、四肢相关经穴

1 用面刮法从上向下刮拭背部膀胱经膈俞、胆俞、脾俞、胃俞。

2 用面刮法从上向下刮拭上脘、中脘、下脘。

3 用面刮法从上向下刮拭内关。

膈俞：位于第7胸椎棘突下旁开1.5寸。

胆俞：位于第10胸椎棘突下旁开1.5寸。

脾俞：位于第11胸椎棘突下旁开1.5寸。

胃俞：位于第12胸椎棘突下旁开1.5寸。

上脘：前正中线，脐上5寸。

中脘：前正中线，脐上4寸。

下脘：前正中线，脐上2寸。

内关：腕横纹上2寸，两筋之间。

4 用面刮法从上向下刮拭足三里、三阴交、公孙，用垂直按揉法按揉太冲。

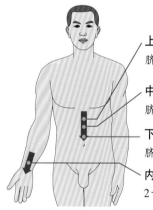

足三里：外侧膝眼直下3寸，距胫骨前嵴1横指处。

太冲：位于足拇趾与次趾的趾缝后约2寸处。

三阴交：内踝尖直上3寸，胫骨后缘处。

太溪：位于内踝跟腱的中点。

公孙：位于第1跖骨底的前下缘凹陷中，赤白肉际处。

✿ 取穴原理

上脘、中脘、下脘是调理胃脏功能的穴位；背部胃俞、脾俞、胆俞3俞穴相配合，可以强健肝胆、脾，促进胃功能恢复正常；背部膈俞为血之海，可活血化瘀，有助胃部气血的疏通；内关可宽胸解郁。

急

性胆囊炎可见右肋部和上腹部持续剧烈疼痛，有时疼痛可放射至右肩胛区，常伴恶心呕吐、发热等症。慢性胆囊炎可见胆囊区轻度触痛，消化不良、胃部饱胀、嗳气等。胆结石可照此刮痧治疗。

刮拭肝胆全息穴区与相关经穴

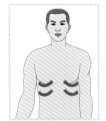

期门：位于乳头直下，第6肋间隙。

日月：位于乳头直下，第7肋间。

1 用面刮法自上向下刮拭肝俞、胆俞。

2 用平刮法从内向外刮拭右背部、右胁肋部肝胆的体表投影区（具体位置见**45**页）。用同样手法刮拭腹部期门、日月。

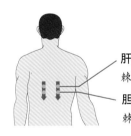

肝俞：位于第9胸椎棘突下旁开1.5寸。

胆俞：位于第10胸椎棘突下旁开1.5寸。

3 用平面按揉法按揉双侧下肢胆囊穴。

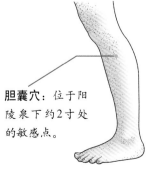

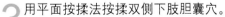

胆囊穴：位于阳陵泉下约2寸处的敏感点。

方法 1 刮拭头部全息穴区

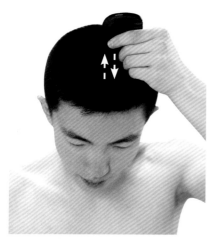

用厉刮法先刮拭额部额旁2带，再刮拭头顶额顶带中1/3段。刮拭时注意寻找疼痛敏感区和有砂砾处，作重点刮拭。

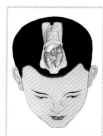

■ 额顶带中1/3段　　■ 额旁2带

方法 2 刮拭背部、腹部相关经穴

1 用面刮法从上向下刮拭背部肝俞、胆俞、胃俞，腹部上脘至中脘。

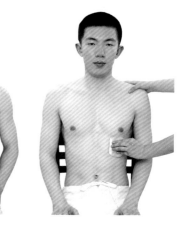

2 用面刮法从内向外刮拭腹部日月、期门、章门。

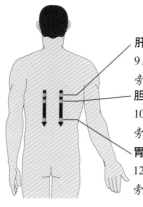

肝俞：位于第9胸椎棘突下旁开1.5寸。

胆俞：位于第10胸椎棘突下旁开1.5寸。

胃俞：位于第12胸椎棘突下旁开1.5寸。

上脘：位于前正中线上，脐上5寸。

期门：乳头直下，第6肋间隙。

日月：位于乳头直下，第7肋间。

章门：位于第11肋骨端下缘。

中脘：位于前正中线上，脐上4寸。

方法 3 刮拭肝胆的体表投影区

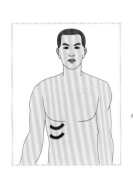

1 用平刮法沿肋骨走形从内向外刮拭右胁肋部肝胆体表投影区。

2 用同样方法刮拭右背部肝胆体表投影区。

方法 4 刮拭下肢相关经穴

1 用平面按揉法按揉右下肢阳陵泉、胆囊穴，足部双侧丘墟。用按压力大、速度慢的手法刮拭双侧足三里。

2 用垂直按揉法按揉双侧太冲穴。

肝胆区

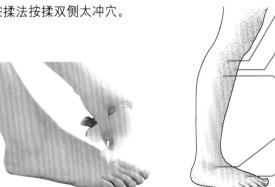

阳陵泉：位于腓骨小头前下方的凹陷中。

足三里：位于外侧膝眼直下3寸，距胫骨前嵴一横指处。

胆囊穴：位于阳陵泉下约2寸处的敏感点。

丘墟：位于外踝前下方，趾长伸肌腱外侧凹陷中。

太冲：位于足拇趾与次趾的趾缝后约2寸处。

胃痉挛

胃病

胃痉挛是导致胃脘痛的常见原因，多为寒邪客胃、饮食不节、肝气郁结致病。胃为水谷之海，主受纳和腐熟水谷，宜通不宜滞。气机郁滞，失于和降，胃痛就会频作。应用刮痧疗法可疏通经络，舒缓痉挛的胃壁肌，使胃部气血得以运行，胃部痛疼得以缓解。

快速缓解胃痉挛法

方法 刮拭耳部、手部胃的全息穴区

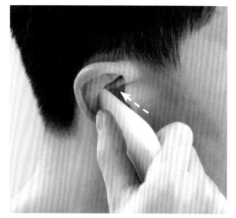

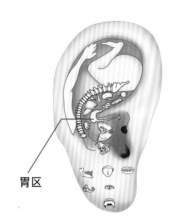

胃区

1 将刮痧板角部垂直放在耳部胃区，做垂直按揉。

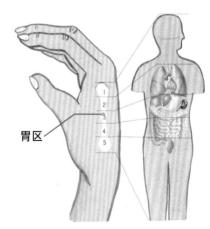

胃区

2 用垂直按揉法按揉第二掌骨桡侧胃区。仔细寻找疼痛敏感点，重点按揉。

✿ 取穴原理

　　耳部胃区和第二掌骨桡侧胃区是胃的全息穴区中最为敏感的部位，刮拭这2个部位可以快速缓解胃痉挛。

方法 刮拭手足、腹部、背部胃的全息穴区

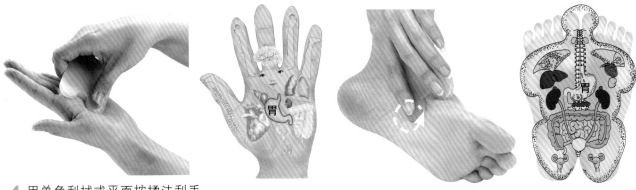

1 用单角刮拭或平面按揉法刮手掌和足底胃全息穴区。

2 用面刮法和双角刮法刮拭背部胃脊椎对应区（第6胸椎至第1腰椎及两侧背肌）。

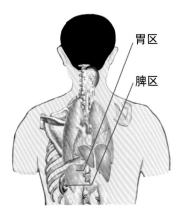

胃区
脾区

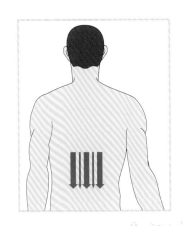

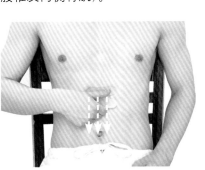

3 用面刮法从上向下刮拭腹部胃体表投影区。

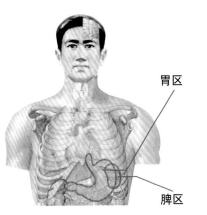

胃区
脾区

重点提示

1 胃下垂者，从下向上刮拭。

2 胃部刮拭应在饭后半小时后进行。

3 如刮拭无效或经常胃痉挛者，应查明原因及时治疗。

腹泻

腹泻以药物治疗，及时止泻为主，同时辅助刮痧有利于快速止泻，可以调理胃肠，促进康复。

腹泻主要症状是大便次数增多，粪质稀薄如糜，甚至如浆水样。腹泻分为急性和慢性两种，急性多因受寒凉，或饮食不洁，或寒凉食物进食过多导致的，有时过度精神紧张也会导致腹泻，不过这种情况比较少见，症状也不会很严重。慢性多因脾胃虚弱，也有急性失治转为慢性的。

❀ 分清腹泻的性质

急性腹泻：急性肠炎，多因饮食生冷或不洁之物，或兼受寒湿暑热之邪，突然腹痛、泄下，泄下猛烈，重者如浆水。

慢性腹泻：慢性肠炎、肠结核、肠功能紊乱、结肠过敏等，多由思虑伤脾，脾胃素虚，或肝气不舒影响脾运，脾气虚不能运化水谷，宿食内停；或肾阳不振，不能助脾腐熟水谷，水湿积滞泛滥肠间，均导致慢性腹泻。

方法 1 刮拭腹部、背部胃肠的全息穴区

1 用面刮法从上向下刮拭腹部肠、胃的体表投影区。

胃区

肠区

2 用面刮法和双角刮法从上向下刮拭肠、胃脊椎对应区。

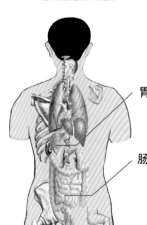

胃区

肠区

❀ 取穴原理

刮拭肠、胃的体表投影区和脊椎对应区可以间接调节肠、胃功能，改善腹泻症状。

方法 2 刮拭背部、腹部、下肢相关经穴

1 用面刮法从上向下刮拭背部脾俞至大肠俞。

2 再以同样方法刮拭腹部中脘至气海、双侧天枢穴。

3 用面刮法从上向下刮拭足三里至上巨虚，再用平面按揉法按揉双侧阴陵泉，足部公孙穴。

公孙穴

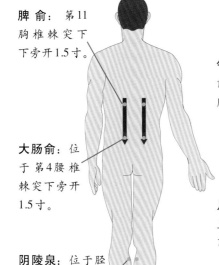

脾 俞：第11胸椎棘突下下旁开1.5寸。

大肠俞：位于第4腰椎棘突下旁开1.5寸。

阴陵泉：位于胫骨内侧髁下缘，胫骨后缘和腓肠肌之间的凹陷处。

气海：位于前正中线，脐下1.5寸处。

足三里：外侧膝眼直下3寸，距胫骨前嵴一横指处。

上巨虚：位于足三里穴下3寸，胫骨前缘旁开1横指。

中脘：位于前正中线上，脐上4寸。

天枢：位于脐旁2寸。

公孙穴：位于第1跖骨底之前下缘凹陷处，赤白肉际处。

❀ 取穴原理

　　脾俞至大肠俞、中脘至气海对胃肠有调理作用，天枢穴主治大肠功能失调；足三里是胃的下合穴，上巨虚穴是大肠的下合穴，二者对调整肠胃有特殊作用；刮拭阴陵泉、公孙是通过增强脾脏功能而调补肠胃。

腹胀

腹胀一般是由于食入产气食物（豆类、奶类、酒精、碳酸饮料等）过多，或是暴饮暴食又遇寒邪引起的。轻度腹胀一般不需要特殊治疗，但是严重的持续不能缓解的腹胀可能是各类肠道疾病、慢性胃、肝、胆、胰腺疾患，以及心肾功能不全等疾病引起的，应去医院检查确诊，综合治疗。如果持续腹胀超过3天，并且没有其他诱因，还伴有严重腹痛，可能是阑尾炎发作；若伴有右上腹痛，可能是患上了胆结石或胃溃疡。如有此类情况应立即到医院就诊。

方法1 全息刮痧快速缓解腹胀

1 自上而下用面刮法刮拭上腹部胃体表投影区。

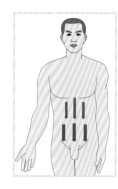

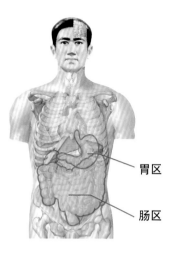

胃区

肠区

2 用面刮法从上向下刮拭大小肠体表投影区。

3 用面刮法和双角刮法刮拭背部胃肠脊椎对应区（第6胸椎至第3骶椎及两侧3寸宽的范围）。

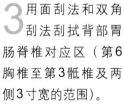

❀ 取穴原理

　　腹胀是因为饮食、废气凝结于肠胃所致，所以刮拭胃肠体表投影区和背部脊椎对应区，可以促进胃肠蠕动，直接帮助滞于肠胃的饮食消化、废气排出，从而可快速缓解腹胀。

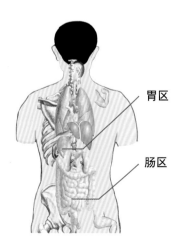

胃区

肠区

方法 2 平时刮拭腹背四肢相关经穴

1 以面刮法，分2~3段从上向下刮拭背部督脉至阳至悬枢穴，再以同样方法刮拭肝俞至胃俞段和大肠俞至小肠俞段。

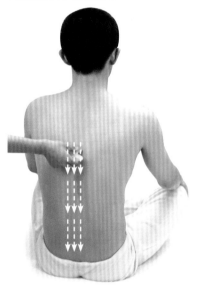

2 面刮法刮拭腹部上脘至下脘段、气海穴、天枢穴。

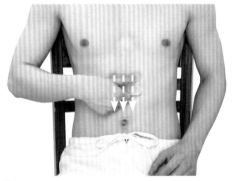

3 用平面按揉法按揉足三里，最后用垂直按揉法按揉太冲穴。

足三里：位于外侧膝眼直下3寸，距胫骨前嵴一横指处。

太冲：位于足拇趾与次趾的趾缝后约2寸处。

脾俞：位于第11胸椎棘突下旁开1.5寸。

三焦俞：位于第1腰椎棘突下旁开1.5寸。

悬枢：位于第1腰椎棘突下凹陷中。

肾俞：位于第2腰椎棘突下旁开1.5寸。

大肠俞：位于第4腰椎棘突下旁开1.5寸。

大椎：位于第7颈椎棘突下。

至阳：位于第7胸椎棘突下，大约和肩胛骨下角平齐。

肝俞：位于第9胸椎棘突下旁开1.5寸。

胃俞：位于第12胸椎棘突下旁开1.5寸。

小肠俞：位于第1骶椎棘突下旁开1.5寸。

上脘：位于前正中线上，脐上5寸。

建里：位于前正中线，中脘下1寸处。

水分：位于前正中线，脐上1寸处。

气海：位于前正中线，脐下1.5寸处。

中脘：位于前正中线上，脐上4寸。

下脘：位于前正中线上，脐上2寸。

章门：位于11游离肋端下缘处。

天枢：位于脐旁2寸。

❀ 取穴原理

　　至阳至悬枢诸穴、上脘至下脘诸穴为肠胃近端穴，肝俞至胃俞、大肠俞至小肠俞是胃肠及相关脏腑的背俞穴，刮拭这些穴位可调理肠胃不适；刮拭气海可调理全身气机；天枢穴是胃经上大肠经的募穴，募穴主治腑脏不适；足三里是调理肠胃功能的重要穴位；太冲是肝经的原穴，可舒肝养胃。

便秘

便秘常由水分、膳食纤维摄入不足，运动少，精神紧张导致，因此便秘是现代人的一种常见病，尤其是常坐少动而又工作紧张的办公室一族易得此病。便秘也可由其他疾病或脾胃虚弱，肠蠕动无力或身体内热导致。中医认为津液亏虚、气血不足、阴虚阳盛是导致便秘的根本原因。所以刮痧治疗以生津、养血、补阴、疏阳为主。

方法 1 按揉迎香穴

用平面按揉法分别按揉鼻两侧迎香穴。

❀ 取穴原理

迎香是手阳明大肠经、足阳明胃经的交会穴，刺激此穴位可调节肠胃功能。

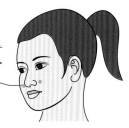

迎香：位于鼻翼外缘中点旁开0.5寸。

方法 2 刮拭上肢、手部相关经穴

大肠经

1 经常用面刮法从大肠经肩上部开始分段向下刮至食指甲跟部的少商穴。注意寻找疼痛点和有结节的部位，重点刮拭。

❀ 取穴原理

刮拭上肢大肠经，可以促进肠道蠕动。食指侧有大肠经循行，小指侧有小肠经循行，刮拭食指、小指两侧，特别是指甲根部井穴，有助于疏泄阳热，调理肠胃。

2 用刮痧板分别刮拭食指、小指，从指根部刮至指尖，重点刮拭少商穴、商阳穴。

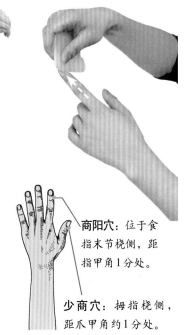

商阳穴：位于食指末节桡侧，距指甲角1分处。

少商穴：拇指桡侧，距爪甲角约1分处。

方法 3 每天刮拭腹部大、小肠体表投影区

每天用面刮法从上向下刮拭大小肠体表投影区。注意刮拭按压力要大，速度慢，刮至腹部微热效果好。重点刮拭天枢穴。

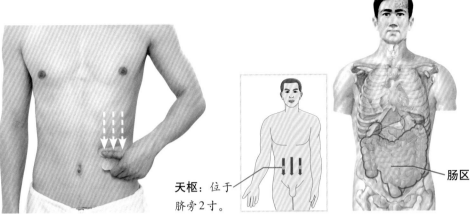

天枢：位于脐旁2寸。

肠区

✿ 取穴原理

刮拭腹部大小肠的体表投影区可以直接促进肠道的蠕动，从而有助治疗便秘。

方法 4 刮拭足三里穴至上巨虚穴

✿ 取穴原理

足三里是胃的下合穴，上巨虚是大肠的下合穴，刮拭这2个穴位对调理肠胃功能有很好的作用。

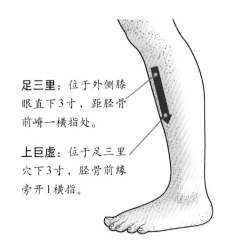

足三里：位于外侧膝眼直下3寸，距胫骨前嵴一横指处。

上巨虚：位于足三里穴下3寸，胫骨前缘旁开1横指。

用面刮法从上向下刮拭足三里至上巨虚。

泌尿系感染

泌尿系感染是指因细菌等感染造成的泌尿系急性炎症，包括尿道炎、膀胱炎、肾盂肾炎等。主要表现为尿频、尿急、尿痛，可伴有发热、畏寒，炎症侵及肾盂时可伴腰痛。泌尿系感染应及时就诊西医，用抗生素类药物杀灭和抑制病菌，再辅以刮痧等中医疗法快速缓解症状，加速康复的速度。

方法 1 刮拭头部、手部相关全息穴区

1 用厉刮法刮拭额旁3带。

额旁3带：位于额旁2带外侧，目外眦直上入发际，自头维穴内侧0.75寸处向下1寸，左右各旁开约0.25寸的条带。

2 用垂直按揉法按揉第二掌骨桡侧的下腹穴区。并用面刮法刮拭手掌靠近腕侧的膀胱区和肾区，和足底膀胱区、肾区。

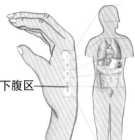

下腹区

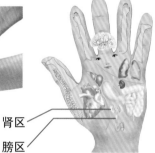

肾区
膀区

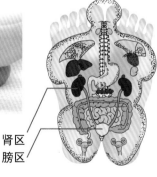

肾区
膀区

❀ 取穴原理

下腹部膀胱体表投影区，及脊椎肾脏、膀胱对应区，前头部额旁3带，手掌、第二掌骨桡侧和足底的膀胱区、肾区均与膀胱和肾相对应，刮拭这些部位可促进泌尿系感染的康复。

方法 2 刮拭下腹部、腰部全息穴区

1 用面刮法和双角刮法从上向下刮拭肾脏、膀胱脊椎对应区（第 11 胸椎至第 4 骶椎及两侧腰肌）。

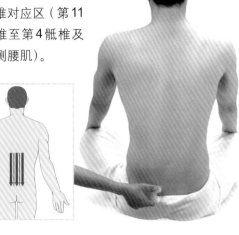

2 用面刮法自上而下刮拭下腹部膀胱体表投影区。

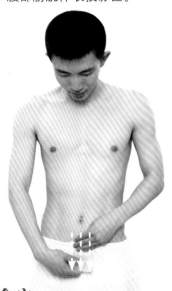

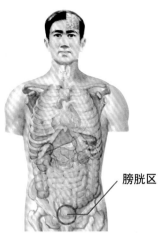

膀胱区

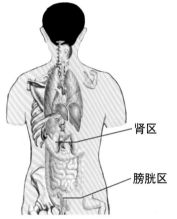

肾区

膀胱区

方法 3 刮拭上肢三焦经，下肢肾经俞穴

1 以面刮法从上向下刮拭上肢腕后会宗穴。

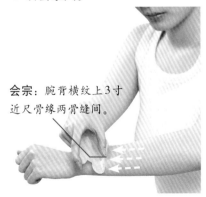

会宗：腕背横纹上 3 寸近尺骨缘两骨缝间。

2 用面刮法或平面按揉法刮拭足踝上筑宾、太溪穴。用平面按揉法按揉水泉穴。

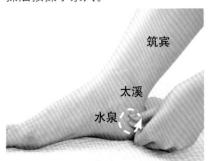

筑宾

太溪

水泉

筑宾：位于内踝与跟腱之间的凹陷处直上 5 寸。

太溪：位于内踝后缘与跟腱内侧的中间，与内踝尖平齐处。

水泉：位于内踝与跟腱之间的凹陷处直下 1 寸。

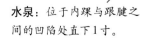

❀ 取穴原理

郄穴是治疗所属经脉脏腑急性病症的要穴，会宗是三焦经的郄穴，水泉是肾经的郄穴，故此 2 穴是治疗泌尿系统感染的要穴。太溪是肾经的原穴，故是调节肾脏功能的要穴。

高血压

成 人收缩压∨18.7千帕（140毫米汞柱），舒张压∨12千帕（90毫米汞柱），就是高血压。高血压常伴有头痛、头晕、耳鸣、失眠、心悸、胸闷、烦躁等症状，长期高血压还可导致心、脑、肾器官的病变。所以刮痧治疗时，要同时调节心、脑、肾的功能。

刮痧疗法主要适应于高血压病I期、II期阶段。

I期高血压舒张压大部分波动在12~13.3千帕间，休息后可降至正常，无脑、心、肾或眼底器质性病变。

II期高血压舒张压持续超过13.3千帕，休息后不能降至正常，并合并脑、心、肾的轻度损伤中的一项或一项以上。

快速降压刮法

刮拭头颈部与耳部相关部位

1 以面刮法从百会穴（取穴方法见26页）呈放射状向四周刮拭全头，重点刮拭百会穴。

2 用面刮法和双角刮法从上向下刮拭颈椎头颈部对应区。

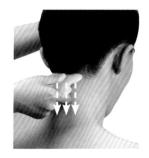

3 用按压力大速度慢的手法，面刮颈部血压点。并用刮痧板边缘垂直按压耳背降压沟。

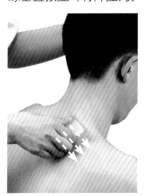

颈椎头颈部对应区：颈椎第1~4节部位。

血压点：位于第6、7颈椎棘突间旁开2寸。

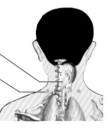

❀ 取穴原理

刮拭颈椎头部对应区可以畅通脑部血液循环，降低颅内压力；耳部降压沟、百会穴、颈部血压点都是调节血压的奇效部位。

降压沟：位于耳廓背面，由内上方斜向下方行走的凹沟处。

方法 1 刮拭头部、手足全息穴区

1 用厉刮法先刮拭头部额中带，再刮拭额旁 1 带和额旁 3 带，最后刮拭额顶带前 1/3，后 1/3 段。(全息位置图请见 144 页)

2 用垂直按揉法刮拭手部第二掌骨桡侧头部、心脏、肾脏区。并依次刮拭足底头部、心脏、肾脏区。

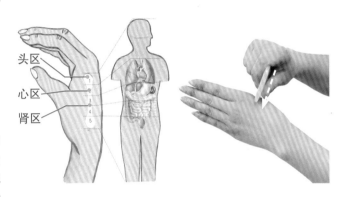

▌额旁 1 带

位于额中带外侧、目内眦直上入发际，自眉冲穴向下 1 寸，左右各旁开 0.25 寸的条带，对应心肺胸膈区。额旁 1 带反应心肺胸膈等上焦健康状况。

▌额旁 3 带

位于额旁 2 带外侧，目外眦直上入发际，自头维穴内侧 0.75 寸处向下 1 寸，左右各旁开约 0.25 寸的条带，对应泌尿生殖区、肠区，反应下腹痛，肾、膀胱、泌尿生殖系统等下焦健康状况。

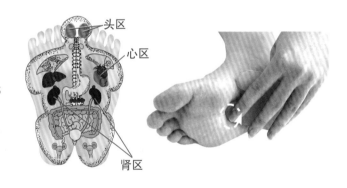

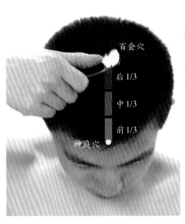

额顶带

是神庭穴至百会穴的连线，左右各旁开约 0.5 寸的条带，前 1/3 为胸区，对应胸部，反应上焦健康状况。中 1/3 为上腹区，对应上腹部，反应中焦肝胆脾胃健康状况。后 1/3 为下腹区，对应下腹部，反应下焦泌尿生殖系统健康状况。

✿ 取穴原理

额中带是头部全息穴区，额旁 1 带是心脏全息穴区，额旁 3 带是肾脏穴区，刮拭额顶带前 1/3 段可强健心脏，刮拭额顶带后 1/3 段可强健肾脏。手足部头部、心脏、肾脏全息穴区可以调节心肾功能，有助于降血压。

方法 2 刮拭心脏、肾脏全息穴区

1 以单角刮法从上到下刮拭胸部正中，以平刮法由内向外刮拭胸部心脏体表投影区，再从上向下刮拭背部心脏体表投影区。

2 以面刮法和双角刮法自上而下依次刮拭心脏脊椎对应区（4~8胸椎及两侧背肌）、肾脏脊椎对应区（第11胸椎至第3腰椎及两侧3寸宽的范围）。

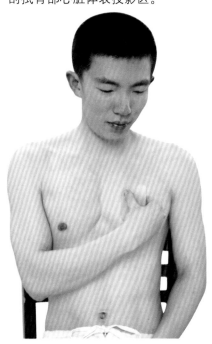
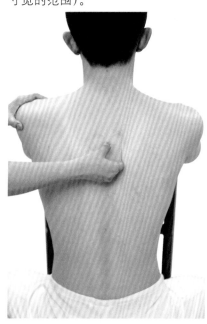
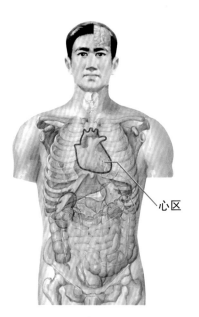

心区

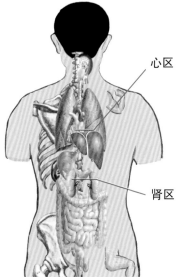

心区

肾区

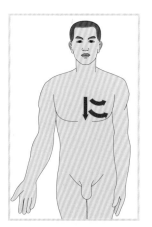

❀ 取穴原理

　　根据全息理论，刮拭器官的对应全息穴区可以对器官本身起到信息调节、功能增强的作用。

方法 3 刮拭背部、四肢相关经穴

1 用面刮法先分段刮拭背部督脉大椎至长强，然后以疏理经气法疏通督脉气血。用面刮法刮拭背部双侧肺俞至心俞。

2 用面刮法从上向下刮拭双侧曲池穴，下肢外侧风市穴。

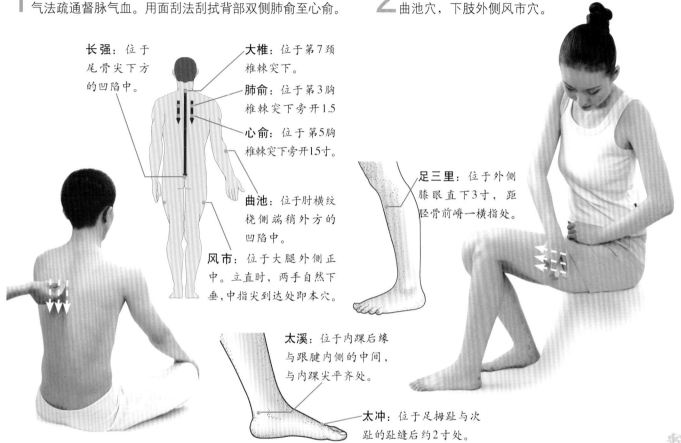

长强：位于尾骨尖下方的凹陷中。

大椎：位于第7颈椎棘突下。

肺俞：位于第3胸椎棘突下旁开1.5

心俞：位于第5胸椎棘突下旁开15寸。

曲池：位于肘横纹桡侧端稍外方的凹陷中。

风市：位于大腿外侧正中。立直时，两手自然下垂，中指尖到达处即本穴。

足三里：位于外侧膝眼直下3寸，距胫骨前嵴一横指处。

太溪：位于内踝后缘与跟腱内侧的中间，与内踝尖平齐处。

太冲：位于足拇趾与次趾的趾缝后约2寸处。

3 用平面按揉法按揉足三里，足部双侧太溪，用垂直按揉法按揉太冲穴。

✿ 取穴原理

　　大椎至长强穴是督脉背部区段，督脉统摄全身阳气，刮拭背部督脉可疏阳泄热。肺俞，宣肺解热，调畅气机。刮拭厥阴俞、心俞可调节心脏功能。曲池和风市互配可疏风泄阳。足三里是足阳明胃经的合穴，同时也是一个重要的养生穴，刮拭此穴可以调理全身阳气，辅助降压。太溪是肾经的原穴，太冲是肝经的原穴，刮拭这2个穴位可以培补肾气，疏理肝气，达到强肾和平肝降压的作用。

低血压

收缩压低于12千帕（90毫米汞柱），舒张压低于8千帕（60毫米汞柱）为低血压。低血压常没有明显的自觉症状，部分人会感觉头晕、四肢乏力、心悸气短、易疲劳。低血压禁用泻法，宜用补法，以培补、生化气血。

气血不足者易患此病。

低血压也可能是因某种或某几种其他病因引起的一种伴发症状，这种情况就需要同时对引发低血压的原发病作治疗，以解除病根。

快速缓解低血压引起的不适

方法 1 刮拭头颈部相关穴位

用补法按揉头顶百会穴，再用补法以面刮法刮拭后颈双侧血压点。

百会

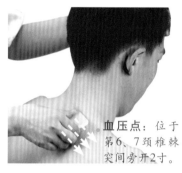

血压点：位于第6、7颈椎棘突间旁开2寸。

✿ 取穴原理

当肌体处在低血压状态时，以补法刮拭百会穴和血压点可增强身体正气，醒脑提神，二者配合可快速缓解低血压引起的头晕、乏力、疲倦感。

方法 2 刮拭上肢和手掌心相关经穴

以平面按揉法按揉内关穴，并用平面按揉法按揉劳宫穴。

✿ 取穴原理

内关是快速调节心脏功能的要穴，按揉内关可短时间内增强心脏的供血能力。刺激劳宫穴可快速提神缓解疲劳。

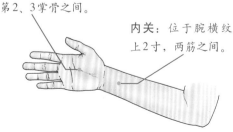

劳宫：位于掌内侧，第2、3掌骨之间。

内关：位于腕横纹上2寸，两筋之间。

张秀勤｜刮痧治疗常见病｜六四

方法 1 刮拭脊椎头、心脏、肺脏对应区

1 用面刮法和双角刮法刮拭颈椎头部对应区（1~4颈椎及两侧）。

2 用面刮法和双角刮法刮拭背部心脏、肺脏脊椎对应区（1~9胸椎及两侧3寸宽的范围）。

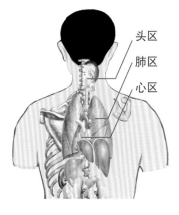

头区
肺区
心区

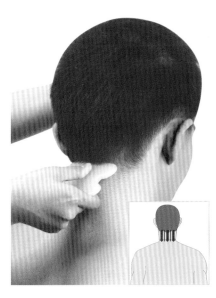

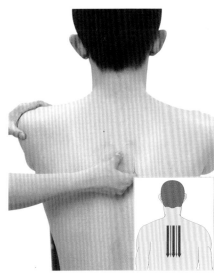

❀ **取穴原理**

　　低血压可引起头晕、心悸、气短，经常刮拭头部、肺脏和心脏的各全息穴区，可促进气血运行，减轻低血压的症状；刮拭心脏的全息穴区可以直接增加血液的供应量和循环速度。

方法 2 刮拭手掌、足底相关全息穴区

以面刮法或平面按揉法依次刮拭手掌和足底头区、肺区、心区。

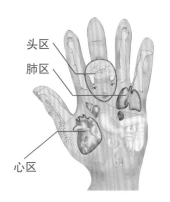

头区
肺区
心区

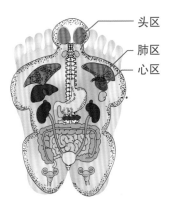

头区
肺区
心区

高脂血症

高脂血症，是现代人极易患上的『富贵病』之一，它与饮食不合理、运动量少有很大关系，部分先天性高脂血症患者可能与遗传因素有关。高脂血症是脂代谢紊乱引起的疾病，它可引发脂肪肝、高血压病、动脉硬化、冠心病等心脑血管病，也是糖尿病的并发症之一，因此不可忽视。

高脂血症在早期无明显症状，偶尔会有头晕、疲乏无力感。有些高脂血症者可在面部、手肘、跟肌腱、膝肌腱出现黄色丘疹样脂黄瘤，手背、面颊外侧可能出现老年斑。

方法 1 刮拭头部、手足相关全息穴区

1 每天以厉刮法依次刮拭额旁1带、额旁2带、额顶带中1/3段1~2次。

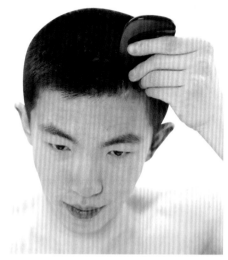

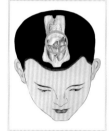
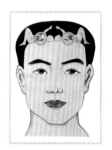

▌额旁1带
▌额旁2带
▌额顶带中1/3

2 经常用面刮法刮拭手掌和足底心脏、肝脏、脾脏的全息穴区。

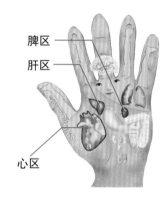

脾区
肝区
心区

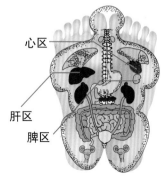

心区
肝区
脾区

✿ 取穴原理

心脏为血液循环提供动力，肝胆参与脂肪的代谢，脾脏主饮食物的消化与吸收，刮拭这3个脏腑的全息穴区可以促进相应脏腑器官的功能。

方法 2 刮拭胸部、背部相关全息穴区

1 用面刮法和双角刮法从上向下刮拭背部心脏、肝脏、脾脏的脊椎对应区。再用平刮法从内向外刮拭左背部脾脏体表投影区、右背部肝脏体表投影区和胸部心脏体表投影区。

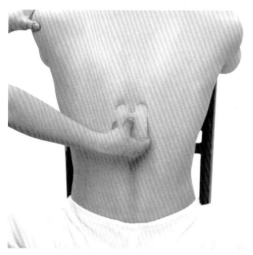

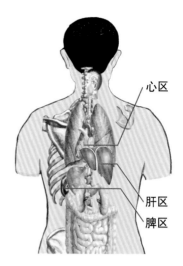

心区

肝区

脾区

2 用单角刮法从上向下刮拭胸部正中，用平刮法从内向外刮拭左胸部心脏体表投射区、左胁肋部脾脏体表投影区和右胁肋部肝脏体表投影区。

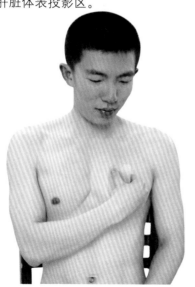

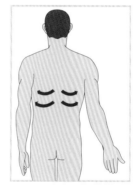

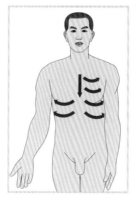

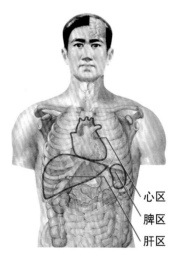

心区

脾区

肝区

❀ 取穴原理

高血脂与肝胆脾胃的失调有关。因为脾主运化，运化水谷和水湿；肝主疏泄，调畅气机。只有肝胆脾胃的功能正常，饮食物才能化生为身体能够利用的精微物质。

方法 3 定期刮拭背部督脉，膀胱经，腹部任脉相关经穴

1 用按压力较大、速度慢的手法，以面刮法刮拭大椎穴。

2 用面刮法刮拭背部双侧膀胱经的心俞、膈俞和脾俞至肾俞。

3 用单角刮法刮拭胸部膻中至中庭穴。

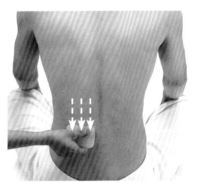

脾俞：位于第11胸椎棘突下旁开1.5寸。

三焦俞：位于第1、2腰椎棘突间旁开1.5寸。

肾俞：位于第2与第3腰椎棘突间凹陷处的外侧1.5寸处。

大椎：位于第7颈椎棘突下。

心俞：位于第5胸椎棘突下旁开1.5寸。

膈俞：位于第7胸椎棘突下，旁开1.5寸。

胃俞：位于第12胸椎棘突下，旁开1.5寸。

膻中：居于前正中线上，两乳头之间，平第4肋间隙。

中庭：位于膻中穴下1.6寸，胸骨中线上，胸骨体下缘处。

❀ 取穴原理

　　高脂血症与体内阴阳失衡、气血失调、积热内蕴、血脉瘀滞有关，刮拭大椎可疏泄体内热积；刮拭心俞、膈俞可增强心脏功能；刮拭脾俞、胃俞可健脾利湿，与三焦俞、肾俞、膻中、中庭配伍，可促进体内血液、水液的代谢和运行。

辅以饮食与运动

1 **多吃鱼，少吃肉**：猪肉、牛肉、羊肉等肉类脂肪含量高，而鱼类脂肪含量低蛋白质含量高，每星期吃一次鱼，对高血脂患者是很有好处的。

2 **多做散步和慢跑**：高血脂患者应该多运动来消耗血液中多余的脂肪，散步和慢跑就是两项很适合的运动。

方法 4 刮拭四肢相关经穴

1 以面刮法刮拭上肢腕部郄门至内关穴，肘部曲池穴。

2 用面刮法刮拭下肢血海，用面刮法或平面按揉法按揉足三里、公孙、丰隆穴。

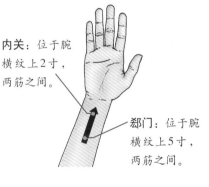

内关：位于腕横纹上2寸，两筋之间。

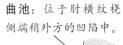

郄门：位于腕横纹上5寸，两筋之间。

曲池：位于肘横纹桡侧端稍外方的凹陷中。

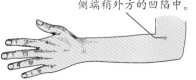

血海：位于髌骨内上缘上2寸，股内侧肌隆起处。

公孙：位于第1跖骨底的前下缘凹陷中，赤白肉际处。

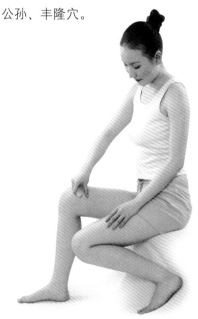

足三里：位于外侧膝眼直下3寸，距胫骨前嵴一横指处。

丰隆：位于从外踝前缘平齐外踝尖处，到外膝眼连线的1/2处。

❀ 取穴原理

郄门至内关是心包经上经穴，可理气活血。曲池是大肠经的合穴，与胃经合穴足三里和胃经络穴丰隆配合可调和气血，健脾利湿、化痰清热。脾经上两要穴血海、公孙，可通经活血。

特别提醒

1 减少摄入高脂肪、高胆固醇类食物。以减轻消化系统的脂肪代谢负担。

2 多吃水果、蔬菜，和谷类、豆类。营养丰富，而且含有一定量膳食纤维可以帮助清理体内环境。

3 养成勤喝水的好习惯。水是体内废弃物排出体外的载体，充足的水可以帮助人体排毒。

4 加强运动和体育锻炼，运动可以消耗体内过多的脂肪。

5 高脂血症的治疗，贵在坚持，刮痧、饮食调节、运动，一个都不能少。

糖尿病

糖尿病是由于体内胰岛素的绝对或相对分泌不足，而引起以糖代谢紊乱为主的全身性疾病，主要症状表现为『三多一少（多食、多饮、多尿、消瘦）』。中医称之为『消渴症』。

1 用面刮法和双角刮法自上而下刮拭脊椎胰腺对应区（脊椎第8胸椎至第2腰椎及两侧3寸宽的范围）。

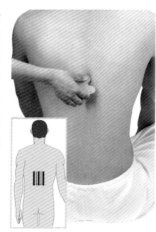
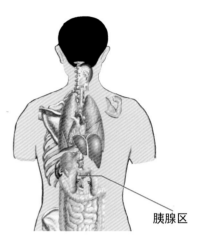

胰腺区

2 用平刮法由内向外刮拭左胁肋部胰腺体表投影区和左背部胰腺体表投影区。

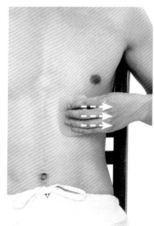
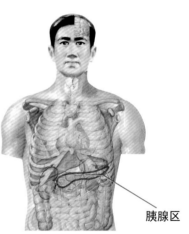

胰腺区

特别提示

1 刮痧治疗糖尿病禁用泻刮法。

2 注意保护皮肤，一定要涂刮痧油，避免皮肤破损感染。

❀ 取穴原理

　　刮拭胰腺的体表投影区和脊椎对应区，可以直接或间接对胰腺起到调理作用。

方法 2 刮拭背部胰俞、膀胱经，腹部任脉相关经穴

1 用面刮法从上向下刮拭背部双侧奇穴胰俞、膀胱经肺俞、脾俞至肾俞、阳纲至意舍。

2 用面刮法从上向下刮拭腹部中脘至气海。腹部以神阙（肚脐）为界，分上下两段刮拭。

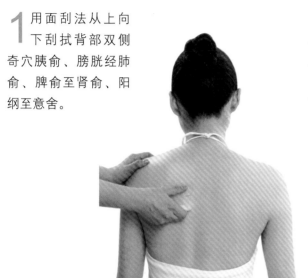

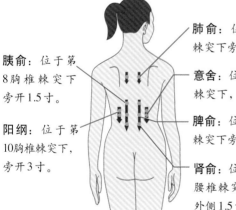

胰俞： 位于第8胸椎棘突下旁开1.5寸。

阳纲： 位于第10胸椎棘突下，旁开3寸。

肺俞： 位于第3胸椎棘突下旁开1.5寸。

意舍： 位于第11胸椎棘突下，旁开3寸。

脾俞： 位于第11胸椎棘突下旁开1.5寸。

肾俞： 位于第2与第3腰椎棘突间凹陷处的外侧1.5寸处。

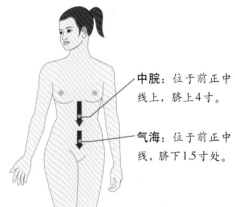

中脘： 位于前正中线上，脐上4寸。

气海： 位于前正中线，脐下1.5寸处。

❀ 取穴原理

　　胰俞是调节胰腺功能的经外奇穴。肺俞宣清肺热；脾俞、中脘至气海诸穴可调理脾胃；肾俞补肾纳气。阳纲可疏泄肝胆湿热，平肝降火；意舍有疏泄脾湿，健运脾阳之作用。刮拭脾俞、阳纲、中脘诸穴，可辅助治疗糖尿病。

叁 刮痧治疗内科常见病 七一

方法 3 刮拭四肢相关经穴

1 用平面按揉法按揉腕部阳池穴。

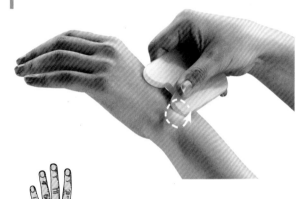

2 用平面按揉法或面刮法刮拭足三里、三阴交。并用推刮法刮拭下肢内侧糖尿病结节。

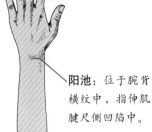

阳池：位于腕背横纹中，指伸肌腱尺侧凹陷中。

糖尿病结节：位于小腿内侧中点，胫骨后缘的疼痛敏感点。

三阴交：位于内踝尖上3寸。

足三里：位于外侧膝眼直下3寸，距胫骨前嵴一横指处。

❀ 取穴原理

　　阳池是三焦经的原穴，可治口干、口渴，足三里强健脾胃，可改善肌体代谢功能，糖尿病结节为治疗糖尿病的经验穴。

胰腺在哪里?

　　胰腺是一个深藏在腹腔后方的长条状腺体（12~18厘米长），它处在脾胃肝肾的包围之中，几乎是横爬在脊柱前的腹腔后壁上。

　　因为位置太深，胰腺给人一种摸不着，看不到的神秘感觉。不过胰腺的作用却是很重要的，如果胰腺怠工了，我们就有可能患上糖尿病，甚至胰腺癌。所以我们不可因胰腺身居幽处而忽视它。

多饮对症刮法

多饮在方法3的基础上加上肢少府、太渊。两穴均用面刮法从上向下刮拭。

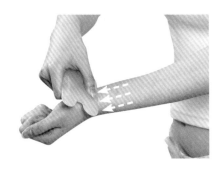

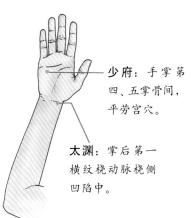

少府：手掌第四、五掌骨间，平劳宫穴。

太渊：掌后第一横纹桡动脉桡侧凹陷中。

多食对症刮法

多食在方法3的基础上加胃经双侧内庭（垂直按揉法），脾经双侧漏谷（面刮法）。

内庭：位于足背第2、3趾间缝纹端。

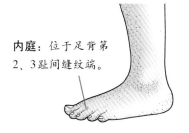

漏谷：位于内踝上6寸，胫骨内侧面后缘。

三阴交：位于内踝尖上3寸。

太溪：位于内踝后缘与跟腱内侧的中间，与内踝尖平齐处。

多尿对症刮法

多尿在方法3的基础上加肾经双侧太溪（平面按揉法）、三阴交（面刮法）。

面刮三阴交穴

平面按揉太溪穴

❀ **取穴原理**

多饮宜清心肺，少府清心火，太渊补肺阴。多食宜调脾胃，取内庭以清胃肠湿热，脾经漏谷可改善多食而消瘦症状。多尿要补肾纳气，取肾经的原穴太溪。

心悸

心悸，就是心律不齐，即心跳不规律。你在饥饿时体验过的心慌，紧张时体验过的剧烈心跳，都是心跳不规律的表现，只不过因为饥饿或紧张而导致的暂时心跳不规律，不算是什么病症。如果无缘无故的心跳或快或慢或重，或忽跳忽止，就说明你的心脏生病了。

中医认为心悸是气血亏虚，阴阳失调，或痰饮瘀血阻滞，心失所养，心脉不畅，引起心脏急剧跳动，惊慌不安，不能自主的一种病症。心悸多呈阵发性，也有持续者，可伴有胸闷胸痛、气短喘息，或头晕失眠等症。

方法 1 刮拭心脏体表投影区及脊椎对应区

1 用单角刮法从上向下刮拭胸部正中，用平刮法从内向外刮拭心脏体表投影区。

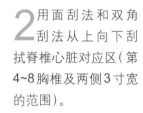

2 用面刮法和双角刮法从上向下刮拭脊椎心脏对应区（第4~8胸椎及两侧3寸宽的范围）。

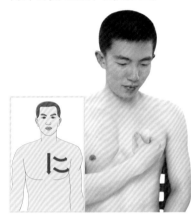

心区

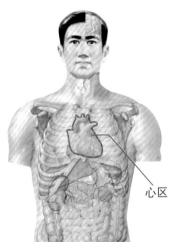

心区

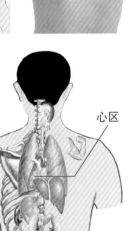

❀ 取穴原理

膻中穴（胸部正中，取穴位置见下页）是治疗胸闷、心肺不适的常用穴；左前胸部和左背部肩胛区为心脏体表投影区；背部心脏脊椎对应区，刮拭这3处可快速疏通心脏气血，改善心脏不适。

方法 2 刮拭背部相关经穴

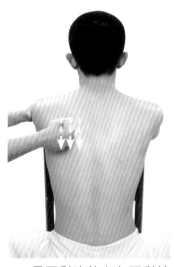

用面刮法从上向下刮拭两侧心俞、天宗、至阳。

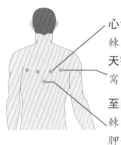

心俞：位于第5胸椎棘突下旁开1.5寸。

天宗：位于肩胛冈下窝的中央。

至阳：位于第7胸椎棘突下，大约和肩胛骨下角平齐。

❀ 取穴原理

心俞是心脏的背俞穴，刮拭此穴可直接调节心脏功能；天宗是小肠经上穴位，刮拭此穴可间接调节心脏功能；至阳是督脉上穴位，可有效缓解心悸引发的胸闷、胸痛。

强健心脏，促进心律不齐康复

刮拭背部、胸部相关经穴

1 用面刮法先自上而下刮颈部大椎（取穴位置见39页），再以同样方法刮拭背部心俞、胆俞。

2 以面刮法由膻中刮至巨阙。

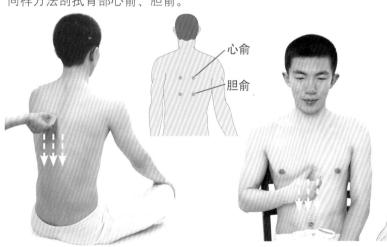

心俞
胆俞

治疗心动过速

按揉第二掌骨桡侧心区

用刮痧板长边垂直按揉第二掌骨桡侧心区。仔细在肺心区内寻找疼痛敏感点，重点按揉疼痛敏感点。

❀ 取穴原理

第二掌骨桡侧心区是心脏的对应区，刮拭此处可快速缓解心动过速。

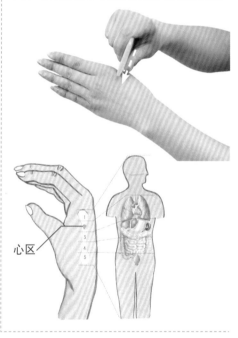

心区

膻中：居于前正中线上，两乳头之间，平第4肋间隙。

中庭：位于膻中穴下1.6寸，胸骨中线上，胸骨体下缘处。

鸠尾：位于剑突下，脐上7寸。

巨阙：位于前正中线，脐上6寸。

心绞痛

心绞痛是心肌暂时性缺血、缺氧而引起的胸骨后疼痛。典型的心绞痛发作，多在劳动或兴奋时、受寒或饱餐后突然发生，疼痛位于胸骨上段或中段之后，亦可波及大部分心前区，可放射至肩、上腰、颈或背，以左肩或左上肢由前臂内侧直达小指与无名指较多见。

心绞痛发作时

刮拭手腕部、背部、胸部相关经穴

1 用平面按揉法按揉大陵穴、双侧内关穴。

大陵：位于腕横纹中央，两筋之间。

内关穴：位于腕横纹上2寸，两筋之间。

3 用单角刮法从上向下刮拭膻中穴。

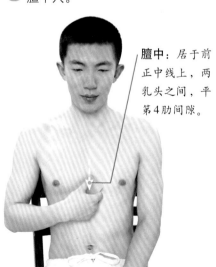

膻中：居于前正中线上，两乳头之间，平第4肋间隙。

2 用按压力大的手法从上向下刮拭至阳或按揉至阳穴（位于第7胸椎棘突下，大约和肩胛骨下角平齐）。用面刮法刮拭双侧心俞。

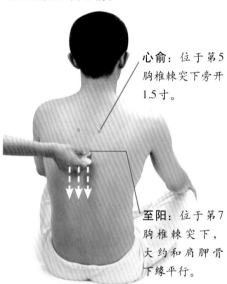

心俞：位于第5胸椎棘突下旁开1.5寸。

至阳：位于第7胸椎棘突下，大约和肩胛骨下缘平行。

✿ 取穴原理

大陵穴属心包经，故有清心宁神、止痛的作用；内关是心包的络穴，有理气宽胸，宁心安神作用，两穴都是调理心脏气血、止心痛的重要经穴。至阳是督脉上穴位，心俞是心的背俞穴，可有效改善心肌缺血和胸部疼痛。膻中是心包的募穴，可调理心脏功能失调。

方法 1 刮拭手足心脏全息穴区

1 以垂直按揉法按揉第二掌骨桡侧心区。

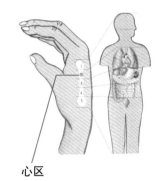

心区

2 以面刮法刮拭手掌和足底心区。

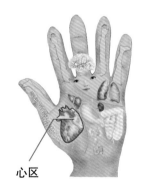

心区

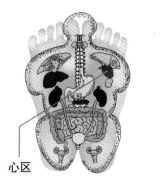

心区

❀ **取穴原理**

　　根据全息理论，通过刮拭身体各部位与心脏对应的全息穴区可以间接改善心脏功能。

方法 2 刮拭上肢相关经穴

用面刮法从上向下刮拭上肢心包经双侧郄门至间使、内关。

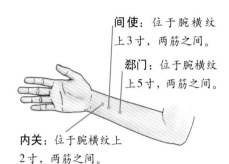

间使：位于腕横纹上3寸，两筋之间。

郄门：位于腕横纹上5寸，两筋之间。

内关：位于腕横纹上2寸，两筋之间。

❀ **取穴原理**

　　郄门是手厥阴心包经的郄穴，可止心痛。间使可治心肌炎和风湿性心脏病及心悸。

面

神经麻痹俗称『面瘫』，通常表现为一侧面部肌肉麻痹，口眼歪斜。

面瘫有中枢性和周围性之分，中枢性面瘫是由脑神经器质性损伤造成的。这里介绍的刮痧疗法只适合于周围性面神经麻痹。

方法 1 刮拭头部相关全息穴区

用厉刮法刮拭双侧头部顶颞前/后斜带下 1/3 段。刮拭时注意寻找有疼痛感觉的区域，对阳性反应的区域要重点刮拭至疼痛感减轻。

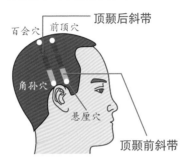

百会穴　前顶穴　顶颞后斜带
角孙穴
悬厘穴
顶颞前斜带

❀ 取穴原理

刮拭头部各全息穴区对头、面部病痛均有一定治疗作用，顶颞前/后斜带下 1/3 段专治头面部感觉、运动障碍的面神经麻痹症。

方法 2 刮拭患侧奇穴太阳、牵正

用刮痧板角部平面按揉患侧太阳穴和牵正穴。

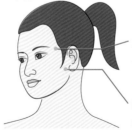

太阳：头部经外奇穴，位于外眼角和眉梢之间，向后约 1 寸的凹陷处。

牵正：位于耳垂前方 5 分，和耳垂中点平。

❀ 取穴原理

太阳穴和牵正穴是治疗头面部疾病的奇穴，特别是牵正穴对治疗神经麻痹有特别显著的功效。

方法 3 刮拭面部、四肢相关经位

1 平面按揉面部患侧阳白、迎香、地仓，并从地仓刮至颊车。再用单角刮法刮拭患侧翳风、风池。

2 用面刮法从上向下刮拭上肢养老，并平面按揉法刮拭侧上肢合谷。

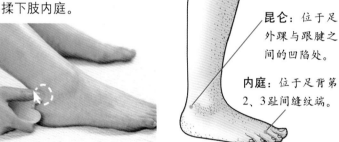

合谷穴：位于手背部第二掌骨桡侧缘的中点。

养老：屈肘，掌心向胸，尺骨小头桡侧缘上方的缝隙处。

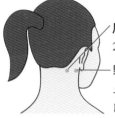

风池：位于后头骨下，2条大筋外缘陷窝处。

翳风：位于耳垂后，正当乳突前下方的凹陷处。

3 平面按揉下肢昆仑，垂直按揉下肢内庭。

昆仑：位于足外踝与跟腱之间的凹陷处。

内庭：位于足背第2、3趾间缝纹端。

迎香：位于鼻翼外缘中点旁开5分。

地仓：位于四白穴直下至嘴角平齐的地方。

阳白：位于前额，眉毛中点上1寸。

颊车：位于下颌角前上方1横指凹陷中，咀嚼时咬肌隆起最高点处。

❀ 取穴原理

阳白可治眼睑闭合不全，迎香、翳风可治面神经麻痹，地仓、颊车可治口角歪斜、流口水，养老、合谷可治对侧神经麻痹，内庭、昆仑可治口角歪斜。

面瘫的预防

1 预防面瘫，首先要注意保暖，应避开风寒对面部的直接袭击，尤其是年老体弱、病后、过劳、酒后及患有高血压病、关节炎、神经痛等慢性疾病者，尽可能不要迎风走。

2 另外，身体虚弱者要增强体质，提高抗病能力。不同年龄、不同体质的人，可选择不同锻炼项目，如散步、跑步、体操、打太极拳、爬山、跳舞等。还要多吃水果蔬菜，尤其在季节转换的时候，可以多吃些韭菜、芹菜、春笋、芥菜等，既可增强体质，又可增强抗病能力。

中风后遗症

中风也称为脑卒中，老年人特别是患有高血压、糖尿病、高脂血症的老年人很容易发生中风。中风会使脑神经细胞在几分钟内因缺氧而损坏或死亡，该部分脑神经细胞的功能也将丧失，出现中风后遗症。

中风后遗症常表现为一侧肢体瘫痪、麻木、口眼歪斜、语言不利等症状。中医认为中风后遗症主要是由于中风之后血瘀阻脉、风痰阻络、肾阴不足、肝阳上亢、精血不足、筋骨失养所致。

方法 1 刮拭头部和背部相关穴位

1 用面刮法刮拭全头，寻找疼痛点，重点刮拭。

2 用单角刮法刮拭头顶百会穴、侧头风池穴；用面刮法刮拭风府穴。

百会

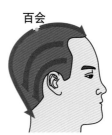

3 用面刮法从上向下刮拭大椎至腰阳关区段，再以双角刮法从上向下刮拭两侧夹脊穴。

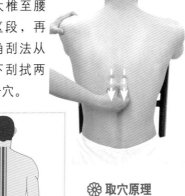

风府：位于后发际正中直上1寸。

风池：位于后头骨下，2条大筋外缘陷窝处。

大椎：位于第7颈椎棘突下。

夹脊穴：从第1胸椎棘突下起至第5腰椎棘突下止，每椎棘突下旁开5分。

腰阳关：位于第四腰椎棘突下凹陷中。

❀ 取穴原理

刮拭全头和百会可以振奋阳气，畅达阳经。刮拭督脉大椎至腰阳关区段的穴位、夹脊穴可活血通络，有助于偏瘫的康复。

特别提示

中风后遗症早期康复治疗很关键，尤其在发病后前3个月内的康复治疗，是获得理想恢复的最佳时期。病程超过2年以上者，恢复会缓慢些，对此类患者刮痧治疗时手法也要轻柔些，禁用泻法刮拭。

方法 2 改善口眼歪斜

1 用平面按揉法按揉地仓、颊车、承泣、阳白；用平刮法刮拭攒竹。

2 用单角刮法刮拭合谷，用面刮法刮拭养老。

3 用平面按揉法按揉昆仑，用垂直按揉法按揉内庭。

用面刮法刮拭养老

用单角刮法刮拭合谷

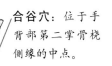

阳白：目正视，瞳孔直上，眉上一寸。

攒竹：位于眉头凹陷中。

承泣：正坐直视，目下7分。

颊车：下颌角前上方约1横指处。

地仓：四白穴（两目正视前方，从下眼眶骨边缘直下约3分，正对瞳孔处，按压有凹窝）直下至嘴角平齐的地方。

合谷穴：位于手背部第二掌骨桡侧缘的中点。

养老：屈肘，掌心向胸，尺骨小头桡侧缘上方的缝隙处。

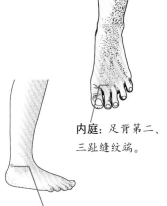

内庭：足背第二、三趾缝纹端。

昆仑：外踝与跟腱之间凹陷中。

❀ **取穴原理**

　　地仓、颊车、承泣、阳白、攒竹均位于口眼周围，也是面部肌肉区域，刮拭这些经穴可以疏通面部经脉，活血通络，可治口眼歪斜，有助于面瘫康复。合谷为专治面部疾患穴位，养老穴可疏经活络，助面瘫康复。

刮痧治疗内科常见病｜八一

方法 3 改善言语不利

✿ 取穴原理

头部语言区（双侧）是语言中枢的体表投影区，刮拭此区可治疗言语不利。哑门穴可通窍增音，廉泉可通利咽喉，均有助于语言功能的康复。

哑门：位于项后正中，入发际5分凹陷中。

廉泉：位于喉结上方，舌骨体上缘的中点处。

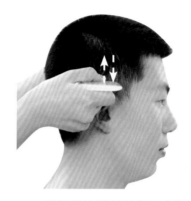

用厉刮法刮拭头部双侧语言区。用面刮法刮拭后头部哑门，前颈部廉泉。

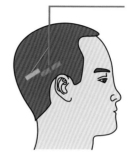

语言中枢的体表投影区

以顶骨结节后下方2厘米处为起点，向后引平行于前后正中线的3厘米长的直线区域，另一语言区为从耳尖直上1.5厘米处，向前后各引2厘米的水平线。

方法 4 改善下肢运动障碍

1 用面刮法刮拭下肢环跳、风市、阳陵泉，足三里、丰隆、解溪。

2 用面刮法刮拭下肢殷门、委中、承山。

委中：腘窝横纹中央。

承山：位于小腿后腓肠肌两肌腹间凹陷的顶端。

阳陵泉：位于腓骨小头前下方的凹陷中。

足三里：位于外侧膝眼直下3寸，距胫骨前嵴一横指处。

丰隆：位于从外踝前缘平齐外踝尖处，到外膝眼连线的1/2处。

解溪：足背，从第二趾直上至两踝尖的横线交点处取之。

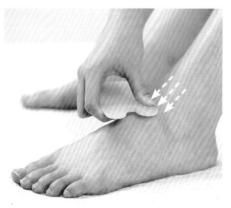

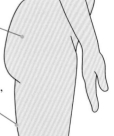

环跳：股骨大转子与尾骨尖连线的外1/3处。

殷门：大腿背面正中，臀横纹下6寸。

风市：大腿外侧正中，直立时，两手自然下垂，中指指尖处。

方法 5 改善上肢运动障碍

1 用厉刮法刮拭对侧顶颞前斜带中1/3，对侧顶颞后斜带中1/3。

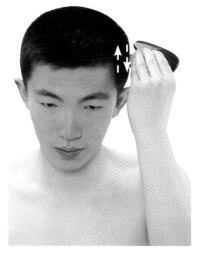

2 用面刮法从上向下刮拭上肢肩髃、肩贞、曲池、支沟、外关。

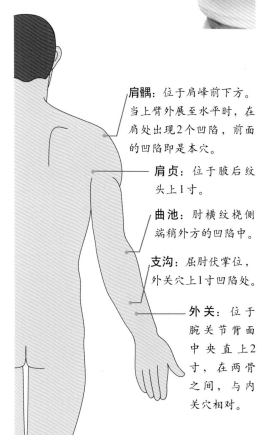

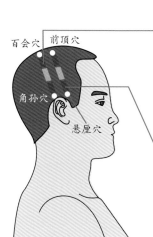

顶颞后斜带
是百会穴至角孙穴的连线，向前后各旁开约0.5寸的条带，中1/3对应上肢，反映和调节上肢感觉状况。

顶颞前斜带
是前顶穴至悬厘穴的连线，向前后各旁开约0.5寸的条带，中1/3对应上肢，反映和调节上肢运动状况。

肩髃：位于肩峰前下方。当上臂外展至水平时，在肩处出现2个凹陷，前面的凹陷即是本穴。

肩贞：位于腋后纹头上1寸。

曲池：肘横纹桡侧端稍外方的凹陷中。

支沟：屈肘伏掌位，外关穴上1寸凹陷处。

外关：位于腕关节背面中央直上2寸，在两骨之间，与内关穴相对。

❀ 取穴原理

顶颞前斜带中1/3，顶颞后斜带中1/3主治上肢感觉、运动障碍。关节附近的穴位可以活血通络，通利关节，有利于恢复上、下肢功能活动。

刮痧治疗外科常见病

中医讲『痛则不通，通则不痛』，外科病症多与『气血不通』有关，所以多以疼痛为主要表现，比如肩周炎、腰痛、膝痛等。刮痧的基本原理就是通经活络，活血化瘀，对外科病痛部位进行刮痧可以快速有效地缓解疼痛、畅通气血，长期刮痧可明显改善这些病症。

落枕

落枕为单纯性颈部肌肉痉挛，一年四季均可发生，多因睡眠姿势不当，颈部固定姿势时间过长，突然扭转受伤或外感风寒侵袭项背，局部脉络受损，经气不调所致。

方法 1 刮拭手部经穴和全息穴区快速治落枕

1 垂直按揉手背患侧落枕穴、中渚穴，刮拭后溪穴。

中渚：位于手背第4、5掌骨间，掌指关节后方凹陷处。

落枕穴：位于手背第2、3掌骨间，掌指关节后约5分处。

后溪：位于第5掌骨小头后方尺侧的赤白肉际处。

2 用垂直按揉法按揉第二掌骨桡侧颈椎区，仔细在颈椎区范围内寻找疼痛敏感点，重点按揉。

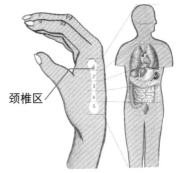

颈椎区

3 用面刮法刮拭第三掌骨颈椎区。

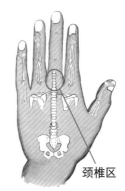

颈椎区

⊛ 取穴原理

　　落枕穴是治疗落枕的奇效穴；后溪、中渚穴可治颈项强痛；刮拭按揉第二掌骨桡侧颈椎区和第三掌骨颈椎穴区可以间接调节颈部，有助改善落枕造成的颈部肌肉僵硬、疼痛等不适。

方法 2 刮拭颈背部、下肢相关经穴

1 用面刮法从上向下分段刮拭督脉风府至大椎穴。

2 用单角法刮拭风池穴，面刮法从风池刮至肩井穴，重点从内向外刮拭肩井穴。

3 用面刮法从上向下分段刮拭患侧天柱至风门。

4 用面刮法或平面按揉法刮拭患侧阳陵泉，然后从阳陵泉向下刮至悬钟穴。

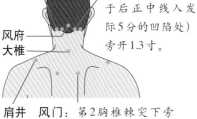

风池　天柱：哑门穴（位于后正中线入发际5分的凹陷处）旁开1.3寸。

风府
大椎

肩井　风门：第2胸椎棘突下旁开1.5寸。对称取穴。

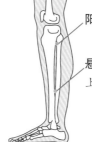

阳陵泉

悬钟：外踝高点上3寸，腓骨后缘。

❀ 取穴原理

风府为风邪之府，是治疗风邪病症的要穴。大椎可疏风散寒，解表通阳。风池、肩井均为祛风之要穴，故是治疗颈项强痛的常用穴。阳陵泉是筋之会穴，与悬钟相配，可治颈项疼痛。

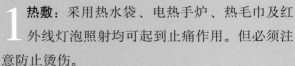

落枕的其他救治方式

1 热敷：采用热水袋、电热手炉、热毛巾及红外线灯泡照射均可起到止痛作用。但必须注意防止烫伤。

2 贴伤湿止痛膏、膨香止痛膏于颈部痛处，每天更换1次，止痛效果较理想，但孕妇忌用。

颈椎病

颈

颈椎病是一种复发性慢性病，多因某些创伤及劳损而使颈椎逐渐发生病变，使颈神经根椎体周围软组织、颈脊髓受到刺激或压迫，而导致颈项、肩臂、肩胛上背、上胸壁及上肢疼痛或麻痛，颈部活动受限。疼痛的程度常因劳累或受寒而加剧，疼痛病到四十岁左右，可能达到质变的程度，而出现椎间盘变性突出、椎体前后缘唇样骨性增生等一系列病理变化。这些变化均可能导致颈神经根、椎动脉、脊髓等受到刺激或压迫，而产生一系列更为复杂的病症。

方法 1 刮拭头部、手足部对应颈椎的全息穴区

1 用厉刮法刮拭头部顶枕带上 1/3 段、顶后斜带。

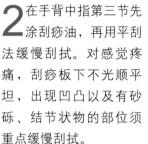

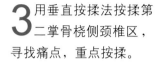

▌顶颞后斜带
▌顶枕带

2 在手背中指第三节先涂刮痧油，再用平刮法缓慢刮拭。对感觉疼痛，刮痧板下不光顺平坦，出现凹凸以及有砂砾、结节状物的部位须重点缓慢刮拭。

3 用垂直按揉法按揉第二掌骨桡侧颈椎区，寻找痛点，重点按揉。

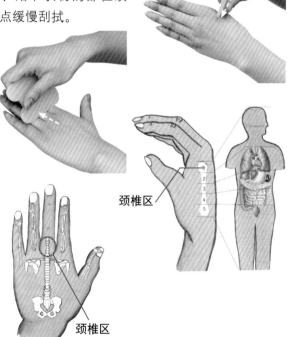

颈椎区

颈椎区

4 在足弓处涂刮痧油，用面刮法刮拭足内侧大拇指后的颈椎区。对刮痧板下感觉不平顺，有结节或疼痛感的部位须重点缓慢刮拭。

颈椎区

❀ 取穴原理

刮拭头部、第二掌骨桡侧、手背部、足部与颈椎对应的全息穴区可以间接缓解颈部疼痛的症状，还可预防颈椎病变。

方法 2 刮拭颈部相关经穴

1 用面刮法从上向下分段刮拭后颈部风府穴至身柱穴。用刮痧板双角部从上向下分段刮拭颈部两侧的天柱穴至大杼穴。

风池：位于后头骨下，两条大筋外缘陷窝处。

天柱：位于哑门穴旁开1.3寸。

身柱：位于第3胸椎棘突下陷陷中。

风府：位于后发际正中直上1寸。

肩井：位于大椎穴与肩峰连线的中点。

大杼：位于第1胸椎棘突下旁开1.5寸。

2 用单角刮法刮拭风池穴，用面刮法分段刮拭双侧风池穴至肩井穴，重点刮拭肩井穴。刮拭过程中对有疼痛、结节和肌肉紧张僵硬的区域应重点刮拭。

方法 3 刮拭四肢相关经穴

2 用垂直按揉法按揉手背中渚穴。

1 用面刮法从上向下刮拭上肢外关。

中渚：位于手背第4、5掌骨间、掌指关节后方凹陷处。

外关：位于腕背横纹上2寸，两骨之间。

阳陵泉：腓骨小头前下方的凹陷处。

悬钟：外踝高点上3寸，腓骨后缘。

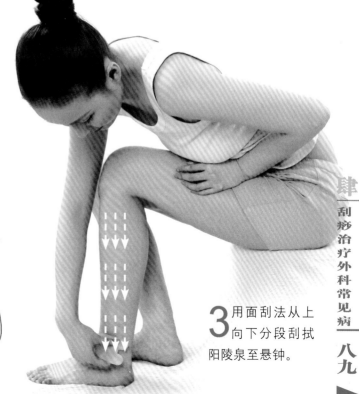

3 用面刮法从上向下分段刮拭阳陵泉至悬钟。

肆 刮痧治疗外科常见病 | 八九

肩周炎

肩周炎是指关节囊和周围软组织的一种慢性、退行性病理变化，主要表现为肩周围疼痛及活动功能障碍。其名称较多，如本病好发于50岁左右，而固结，故称『冻结肩』；又因患者局部常畏寒怕冷且活动明显受限，形同冰冷，因而被称为『五十肩』；此外还有漏肩风、肩凝症等称谓。

本病多由慢性劳损、外伤筋骨，复感风寒湿邪而致气血运行不畅，经脉痹阻不通。肩关节在夜间、阴湿天气、劳累过后，疼痛尤甚。

肩痛刮痧方法

方法 1 刮拭头部全息穴区

用厉刮法刮拭顶后斜带，顶颞前、后斜带中1/3段，寻找疼痛敏感点并重点刮拭。

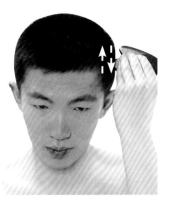

顶后斜带

在顶后部，即由络却穴至百会穴连线两侧各旁开约0.25寸的条带，对应颈肩区，反应颈肩部健康状况。

顶颞前、后斜带

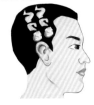

❀ 取穴原理

顶后斜带及顶颞前、后斜带中1/3段，是头部对应颈肩、上肢的全息穴区，刮拭这几个区域可以改善颈椎病变。

方法 2 刮拭上肢相关经穴

用平面按揉法刮拭外关穴。用垂直按揉法按揉中渚穴。

中渚：位于手背第4、5掌骨间、掌指关节后方凹陷处。

外关：位于腕背横纹上2寸，两骨之间。

❀ 取穴原理

三焦经循行于肩部，中渚、外关为三焦经穴位，外关为八脉交会穴，一穴同属于数经；中渚为三焦经俞穴，专治体重节痛，二穴配合可疏通肩部经脉气血，治疗肩周炎。

方法 3 肩痛上举难的刮痧方法

1 用面刮法从内向外刮拭肩井穴，并滑向肩髃下，对有疼痛和结节的部位重点刮拭。

2 用面刮法从内向外，从上肩峰处肩髃向下刮拭至三角肌根部臂臑穴，并用面刮法刮拭腋窝下面。

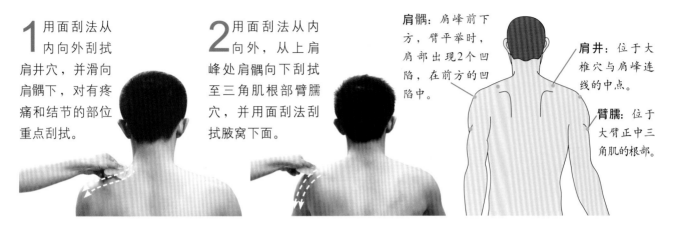

肩髃：肩峰前下方，臂平举时，肩部出现2个凹陷，在前方的凹陷中。

肩井：位于大椎穴与肩峰连线的中点。

臂臑：位于大臂正中三角肌的根部。

方法 4 肩痛前伸难的刮痧方法

用单角刮法从上向下刮拭腋后线，对有疼痛和结节的部位重点刮拭。

方法 5 肩痛后伸难的刮痧方法

1 单角刮法从上向下刮拭腋前线，对有疼痛和结节的部位重点刮拭。

2 用面刮法从上向下刮拭肘关节外侧，对有疼痛和结节的部位重点刮拭。

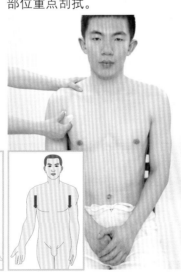

❀ 取穴原理

　　肩周炎可使肩井穴、肩上部、腋后线、腋前线等处出现明显的痛点或大小不一的结节以及肌肉紧张粘连僵硬等现象，刮拭时注意寻找这些阳性反应区。重点疏通这些部位的气血瘀滞可以改善肩周炎的症状。

腰痛

腰痛，是由各种原因引起的腰部一侧、两侧疼痛或者连同脊椎一起有疼痛感的一种病症，多见于腰肌劳损、脊椎关节退行性疾病，或由肾脏、生殖器官病变引起。中医认为，凡受寒湿邪侵，或负重跌挫而致邪阻瘀滞，或年老体弱而精血不足均可引起腰痛。

方法 1 刮拭腰部相关经穴

用面刮法从上向下刮拭命门穴，再分别刮拭两侧肾俞、志室穴。并用面刮法分别从上向下刮拭两侧腰眼穴。

方法 2 刮拭或拍打膝窝经穴

在膝窝部位涂匀刮痧油，用拍打法拍打膝窝，拍打的范围应涵盖膝窝委阳、委中、阴谷3个穴位。注意拍打力度由轻渐重，两次拍打要有间歇。对疼痛敏感者可以用面刮法刮拭膝窝。

❀ 取穴原理

腰眼是治疗腰痛的经外奇穴，刮拭腰部的命门、肾俞、志室穴可以直接改善腰部的血液循环，疏经活络，对腰部肌肉慢性损伤、炎症、骨质增生以及肾虚腰痛有治疗作用。

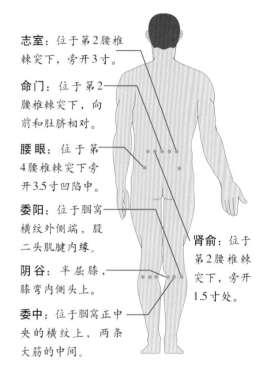

志室：位于第2腰椎棘突下，旁开3寸。

命门：位于第2腰椎棘突下，向前和肚脐相对。

腰眼：位于第4腰椎棘突下旁开3.5寸凹陷中。

委阳：位于腘窝横纹外侧端，股二头肌腱内缘。

阴谷：半屈膝，膝弯内侧头上。

委中：位于腘窝正中央的横纹上，两条大筋的中间。

肾俞：位于第2腰椎棘突下，旁开1.5寸处。

❀ 取穴原理

委阳是三焦的下合穴，委中是膀胱的下合穴，阴谷是肾经的合穴，所以刮拭这3个穴位可疏通膀胱经，对腰部、肾脏和生殖器官起到调节作用，可以治疗各种原因引起的腰部疼痛。

方法 3 刮拭后头部、手足对应腰部的全息穴区

1 用厉刮法刮拭后头部额顶带后 1/3 段、顶枕带的腰区，寻找和重点刮拭疼痛敏感点。

2 用面刮法缓慢刮拭第三掌骨腰区，感觉刮痧板下不平顺或有疼痛感的部位须重点缓慢刮拭。

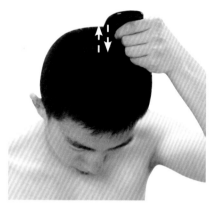

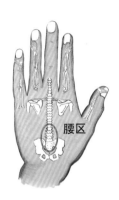

额顶带

顶枕带

3 用面刮法刮拭足跟前的腰区，对刮痧板下有疼痛感、感觉不平顺或有结节的部位重点缓慢刮拭。

✿ 取穴原理

头部额顶带后 1/3 段对应肾脏，刮拭此部位可以激发肾脏功能；头部顶枕带的腰区、第三掌骨腰区、足部腰区均对应腰椎部位，刮拭这些部位可以间接缓解腰部疼痛。

1 以腰膝酸软、喜按喜揉为特点的肾虚腰痛，和各种损伤性急、慢性腰痛都可照此节介绍的方法进行刮痧治疗。

2 腰椎骨折者，在骨折愈合前禁刮伤处。

3 因脏腑病症引起的腰痛应同时治疗脏腑病症。

特别提示

肆｜刮痧治疗外科常见病｜九三

膝关节痛

本症见于风湿性或类风湿性关节炎、膝关节韧带损伤、膝关节半月板损伤、膝关节骨质增生、关节周围纤维组织炎等。

方法 1 刮拭膝关节部位经穴

1 用点按法点按双膝膝眼穴。并用面刮法从鹤顶穴上方向膝下方滑动刮拭。

2 用面刮法从上向下刮拭膝关节外上方梁丘穴，再刮拭足三里穴，和膝阳关穴至阳陵泉穴。

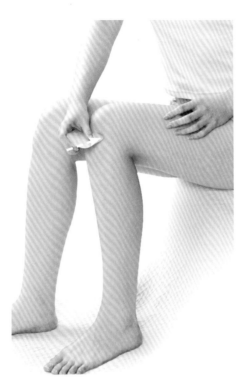

梁丘：位于髌骨外上缘上2寸，当髂前上棘与髌骨外上的连线上。

膝阳关：位于阳陵泉直上，股骨外上髁的上方凹陷中。

阳陵泉：位于腓骨小头前下方的凹陷中。

鹤顶：位于膝关节髌骨上缘正中的凹陷处。

膝眼：在膝关节伸侧面，髌骨之下髌韧带两侧的凹陷中，左右腿共4穴。

足三里：外侧膝眼直下3寸，距胫骨前嵴1横指处。

特别提示

1 组织损伤性膝关节痛24小时内不宜作关节部位刮痧。

2 膝关节韧带损伤严重或关节肿胀，内有积液者，不宜局部刮痧，可刮拭远端经穴或膝关节的全息穴区。

3 用面刮法从上向下刮拭血海穴、阴陵泉穴。

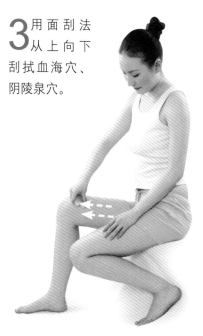

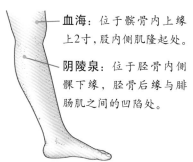

血海：位于髌骨内上缘上2寸，股内侧肌隆起处。

阴陵泉：位于胫骨内侧髁下缘，胫骨后缘与腓肠肌之间的凹陷处。

❀ 取穴原理

　　膝眼和鹤顶是治疗膝关节疼痛的2个奇效穴。其余穴位均位于膝关节处，疏通这些经穴可祛风散寒，活血通络，治疗膝关节痛。阴陵泉更有清热化湿、通利三焦的作用。阳陵泉主筋，有健骨强筋、祛风除湿功效。

方法2 刮拭头部、手部对应膝关节的全息穴区

1 用厉刮法刮拭顶颞前、后斜带上1/3段，寻找疼痛、敏感点并重点刮拭。

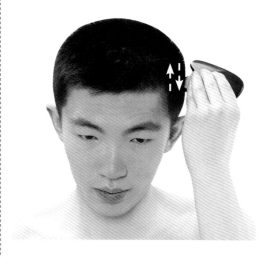

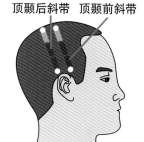

顶颞后斜带　顶颞前斜带

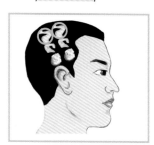

2 用垂直按揉法按揉第二掌骨桡侧腿穴。仔细在腿穴范围内寻找疼痛、敏感点，重点按揉。

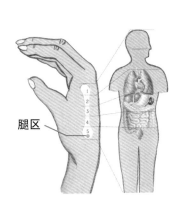

腿区

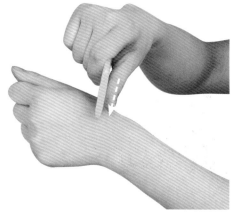

❀ 取穴原理

　　刮拭身体各部位对应膝关节的全息穴区，可以间接调节膝关节，从而可改善膝关节处病症，促进膝关节的健康。

腓肠肌痉挛

方法 1 点按人中

❀ 取穴原理

　　人中穴主治中风、昏迷、昏厥、抽搐、急性腰扭伤等病症。点按人中可快速缓解腓肠肌痉挛。

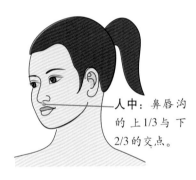

人中：鼻唇沟的上1/3与下2/3的交点。

用重力以点按法连续点按鼻唇沟人中穴。

方法 2 拍打膝窝

　　在膝窝部位涂刮痧油，用拍打法刮拭腘窝委中穴、委阳穴、阴谷穴。

❀ 取穴原理

　　委中是膀胱经的合穴，有祛风利湿功效，畅通膀胱经；阴谷是肾经合穴；拍打膝窝三经穴，可疏经活血，不但可以治疗，还可以预防腓肠肌痉挛。

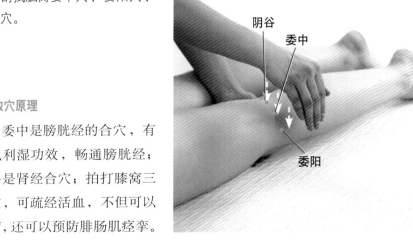

阴谷　委中　委阳

腓

　　肠肌痉挛是个医学术语，听起来可能有点陌生，其实它的俗名叫『小腿肚转筋』。常在受寒、或姿势突然改变、或大量出汗后发生。疼挛时，局部会剧烈疼痛，不能活动。

　　现代医学认为腓肠肌痉挛与体内缺钙和出汗后钾盐、钠盐的流失有关。中医认为此病与气血不足有关，所以通过日常刮痧促进血液循环，可以减少腓肠肌痉挛的发生。

腓肠肌痉挛平时刮痧治疗

方法 刮拭四肢相关经穴

1 用垂直按揉法按揉手背液门穴。

2 用面刮法自上而下刮拭承筋至承山穴。以同样方法刮拭阳陵泉至悬钟，及阴陵泉至三阴交。

液门：位于第4、5指缝间，掌指关节前凹陷处。

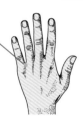

✳ 取穴原理

　　液门是三焦经的荥穴，水气出入的门户，有调通水气之功效。承筋、承山是最靠近腓肠肌的2个穴位，可舒筋活血，主治小腿转筋。刮拭阳陵泉至悬钟、阴陵泉至三阴交均可通调水湿，通筋活络。

阳陵泉：位于腓骨小头前下方的凹陷中。

悬钟：外踝高点上3寸，腓骨后缘。

委阳：位于腿弯横纹外侧端，股二头肌肌腱内缘。

承筋：位于腓肠肌肌腹中央。

承山：位于小腿后腓肠肌两肌腹间凹陷的顶端。

阴谷：半屈膝，膝弯横纹内侧头上。

委中：位于腘窝正中央的横纹上，两条大筋的中间。

阴陵泉：胫骨内侧髁下缘，胫骨后缘与腓肠肌之间的凹陷处。

三阴交：位于内踝尖上3寸。

特别提示

1 经常出现腓肠肌痉挛者，应注意下肢保暖和补充钙剂。

2 如刮痧加补钙和保暖仍不能控制症状，应及时到医院检查，查找原因，警惕血管疾病。

足跟痛

脚支撑着我们全身的重力，而足跟就是重要的受力点，长期负重得不到很好的保养，足跟部的软组织就可能出现损伤，比如发生滑囊炎、跟腱炎，或者足跟部某些骨头长出小骨刺，这些都会引发足跟部疼痛。足跟痛常见于中老年人。刮痧对疼痛类病变治疗效果明显，又可日常调理保健。

方法 1 刮拭头部、手部全息穴区

1 以厉刮法刮拭头部额顶带后 1/3，顶颞前斜带上 1/3，顶颞后斜带上 1/3（双侧）。

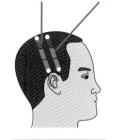

顶颞后斜带　顶颞前斜带　额顶带

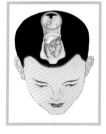

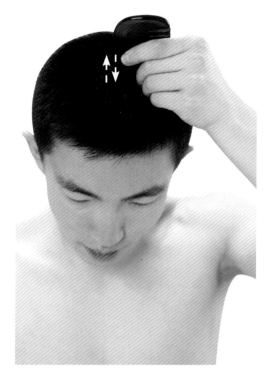

2 用垂直按揉法按揉第二掌骨桡侧足区。

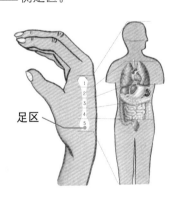

足区

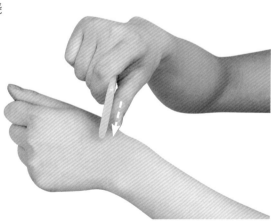

✿ 取穴原理

刮拭头部额顶带后 1/3 可以激发肾气，刮拭头部及第二掌骨桡侧足部的全息穴区可以间接改善足部气血循环。

方法 2 刮拭上下肢相关经穴

1 以面刮法从上向下刮拭患侧上肢大陵穴，和患侧下肢委中穴至承山穴、跗阳穴至申脉穴。

2 用平面按揉法刮拭患侧足部太溪、水泉、照海穴，单角刮法刮拭患侧足底涌泉穴。

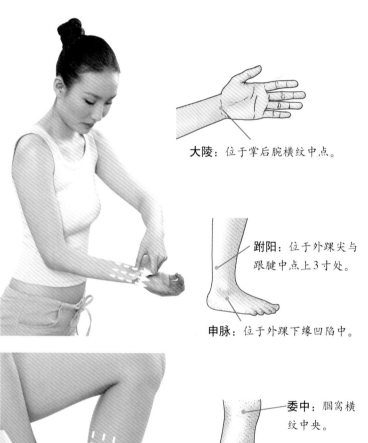

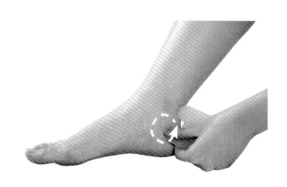

大陵：位于掌后腕横纹中点。

跗阳：位于外踝尖与跟腱中点上3寸处。

申脉：位于外踝下缘凹陷中。

水泉：位于太溪穴下1寸。

太溪：位于内踝后缘与跟腱内侧的中间，与内踝尖平齐处。

照海：位于内踝高点下缘凹陷中。

涌泉：足掌心前1/3和2/3交界处。

委中：腘窝横纹中央。

承山：位于小腿后腓肠肌两肌腹间凹陷的顶端。

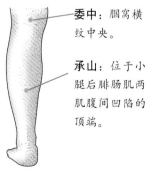

❀ 取穴原理

取大陵穴与患侧足跟部的太溪、水泉、照海穴，足底涌泉穴相配合，既可疏通局部经脉气血，治疗足跟部疼痛，又可调节阳气，益肾补虚。

荨麻疹

荨麻疹是皮肤上突然出现的红色或苍白色大小不等的风团，这些风团界线清楚，形态不一，可为圆形或不规则形，而且会随搔抓而增多、增大。除皮肤外，亦可发于胃肠，可有恶心呕吐、腹痛、腹泻，发于喉头粘膜则呼吸困难、胸闷，甚则窒息而危及生命。患者会感到灼热、剧痒，大多持续半小时至数小时自然消退，消退后不留痕迹。

❀ 荨麻疹的致病因素

荨麻疹常见的发病原因有以下几种：

食物：以鱼、虾、蟹、蛋类多见，其次使某些肉类和一些植物性食品如草莓、可可、番茄、咖啡、或大蒜等调味品等。

药物：常见的有青霉素、血清制品、磺胺、痢特灵、阿斯匹林等。

感染：包括病毒、细菌、寄生虫等。

物理因素：如冷、热、日光、摩擦及压力等物理性刺激。

动物及植物因素：如昆虫叮咬、荨麻刺激，或是细如动物皮屑、羽毛及花粉等。

方法1 刮拭头部、背部全息穴区

1 以厉刮法刮拭头部双侧额旁1带、双侧顶颞后斜带。

额旁1带

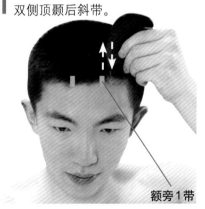

顶颞后斜带

❀ 取穴原理

额旁1带主治心、肺、胸膈等上焦疾病，还可宣肺理气。顶颞后斜带主治全身感觉障碍性病症。

2 以面刮法和双角刮法刮拭荨麻疹发病区域同水平段的脊椎对应区。

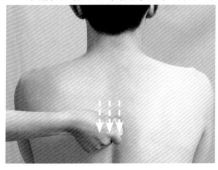

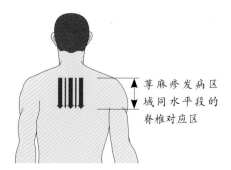

荨麻疹发病区域同水平段的脊椎对应区

方法 2 刮拭头部胆经，背部膀胱经俞穴

1 以单角刮拭头颈部双侧风池穴。

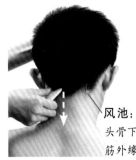

风池：位于后头骨下，2条大筋外缘陷窝处。

2 以面刮法刮拭背部膈俞至肝俞和大肠俞。

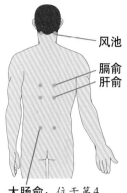

风池
膈俞
肝俞

大肠俞：位于第4腰椎棘突下旁开1.5寸。

❀ **取穴原理**

风池穴、肝俞、胆俞，可疏泄风热，解郁安神，膈俞可和血理气，大肠俞可理气化滞。

方法 3 刮拭上肢大肠经，奇穴治痒穴，下肢脾经俞穴

1 用面刮法刮拭上肢双侧曲池至手三里，奇穴双侧治痒穴。

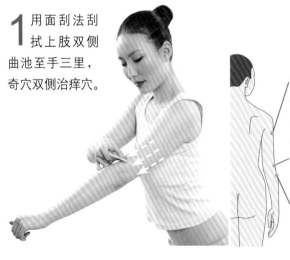

治痒穴：位于上臂外侧，肩峰直下，三角肌下部（即肱骨后缘与腋窝皱襞相平齐处）。

曲池：肘横纹桡侧端稍外方的凹陷中。

手三里：位于曲池穴下2寸，握拳曲肘时，在肱桡肌呈凹陷处。

2 用面刮法刮拭下肢双侧血海、三阴交。

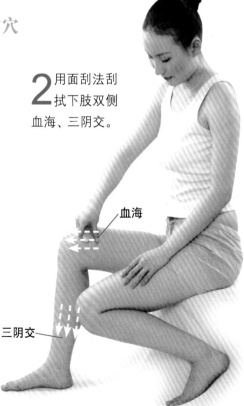

血海
三阴交

❀ **取穴原理**

治痒穴是治疗皮肤炎症的奇效穴；曲池至手三里可疏风解表，还可调节肠胃功能；血海、三阴交调和气血与脾胃。

痔疮

痔

痔疮是直肠下端黏膜和肛管皮下静脉从因回流受阻，而扩大曲张形成的静脉团。此病与长期从事坐位或站立工作、或肩挑负重、跋涉远行、久痢、久泄、便秘、嗜食辛辣油腻食物有关。

外痔有明显症状，如肛门部有少量炎性分泌物，肛门肿胀疼痛等。内痔早期不易发现，可出现便血（血色鲜红，不与粪便相混）。

方法 1 刮拭头部、手部相关全息穴区

1 以厉刮法刮拭额顶带中 1/3 及后 1/3。

■ 额顶带中 1/3 及后 1/3

2 用刮痧板的凹槽刮拭拇指及食指，用推刮法刮拭商阳穴。

商阳：位于食指桡侧，距爪角约 1 分的爪甲根处。

下廉：位于阳溪穴与曲池穴连线上，曲池穴下 4 寸处。

手三里：位于曲池穴下 2 寸，握拳曲肘时，在肱桡肌呈凹陷处。

方法 2 刮拭四肢相关经穴

1 以面刮法刮拭上肢手三里至下廉穴。

2 用面刮法或平面按揉法刮拭下肢血海和三阴交。

血海：位于髌骨内上缘上 2 寸，股内侧肌隆起处。

三阴交：位于内踝尖直上 3 寸，胫骨后缘处。

❀ 取穴原理

手三里、下廉为大肠经上穴位，可清热散风，和胃利肠，脾经血海配三阴交可调和气血，宣通下焦，分利湿热而治疗痔疮。

方法 3 刮拭头部、背部、腹部相关经穴

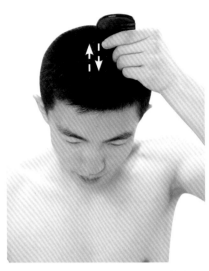

1 用单角刮法刮拭头顶百会穴。并以面刮法刮拭背部腰俞至长强穴，及腰部奇穴痔疮穴。

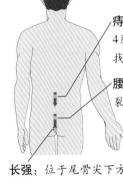

痔疮穴：于第3、4腰椎棘突附近寻找充血点即是。

腰俞：位于骶管裂孔中凹陷处。

长强：位于尾骨尖下方的凹陷中。

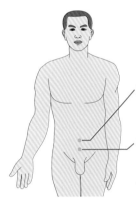

关元：位于前正中线，脐下3寸处。

中极：位于前正中线上，耻骨联合上缘上1寸。

百会：位于两耳直上头顶正中处。

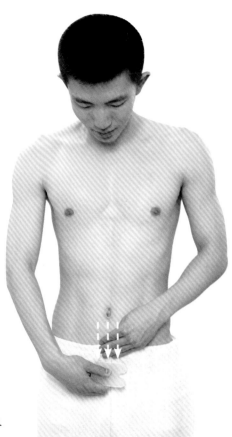

2 用面刮法从上向下刮拭腹部关元至中极穴。

⊛ 取穴原理

百会是足三阳经与督脉交会处，刮拭百会可疏散风邪；配腰俞、长强、关元、中极可清湿热、培元气，有助治疗痔疮。奇穴痔疮穴是治疗此病的特效穴。

痔疮的日常防治

得了痔疮是件既痛苦又尴尬的事，而且得过一次痔疮后，极易复发。因此注意多饮水，多食粗纤维食物；定时排便，治疗便秘；避免久坐或久站；经常作抬腿或收缩肛门的动作可以避免痔疮的发生。

刮痧 治疗常见病 张秀勤

刮痧治疗妇科常见病

俗话说『气血养美人』，妇科疾病多与气血不通畅有关，一块小小刮板可以很好地调理女性全身气血，而且方便随身携带，随时随地都可使用。刮痧调治妇科病时常会涉及到对下腹部和腰骶部刮痧，切记在月经期间和怀孕、坐月子这些特殊时期避免对这两个部位做刮拭。

月经不调

月经的周期或经量出现异常，都称为月经不调。中医学认为月经提前、量多色鲜红为血热；月经推后、经期延长、月经过少、血色暗红夹有血块为血瘀；若血量少而色淡为血虚；月经先后无定期、经期延长、或月经过少，伴有情志郁结，为气滞血瘀。

各种证型的月经不调及不孕症都参照下面方法刮痧，只是血虚证用补法刮拭，其余证型用平补平泻法刮拭。

方法 1 刮拭头部全息穴区

❁ 取穴原理

刮拭额旁 3 带和额顶带后 1/3 段，可治疗包括月经不调在内的下焦病症。

先以厉刮法刮拭双侧额旁 3 带，再以同样手法刮拭额顶带后 1/3 段。

▌ 额顶带后 1/3 段
▌ 额旁 3 带

方法 2 刮拭手掌及足底、足跟内外侧生殖器官对应区

平面按揉手掌和足底及足侧生殖器官全息穴区。

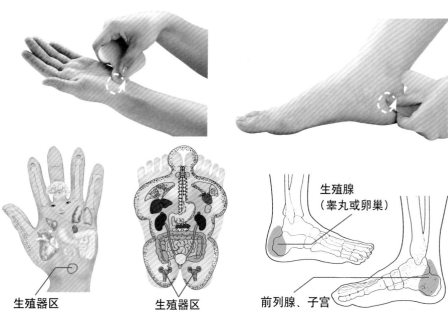

生殖器区

生殖器区

生殖腺（睾丸或卵巢）

前列腺、子宫

❁ 取穴原理

足跟内外侧是腰骶部生殖器官全息穴区，与手掌和足底的生殖器官全息穴区同时刮拭，可调节生殖器官功能，间接治疗生殖器官疾病。

方法 3 刮拭子宫、卵巢体表投影区及脊椎子宫、卵巢对应区

1 可隔衣或涂刮痧油以面刮法自上而下刮拭下腹部子宫、卵巢体表投影区。

2 用面刮法和双角刮法从上向下刮拭腰骶部子宫卵巢脊椎对应区（第2~4骶椎及两侧各3寸宽的范围）。

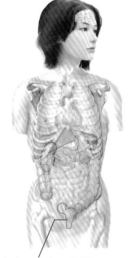

膀胱、子宫及卵巢区

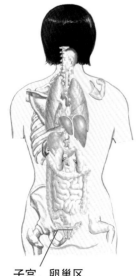

子宫、卵巢区

✿ 取穴原理

刮拭子宫、卵巢的体表投影区和脊椎对应区，可以间接对子宫、卵巢起到信息调整作用，经常刮拭有利于子宫和卵巢的健康。

特别提示

1 柔软的下腹部很适合拔罐治疗。可以选择大小适合的罐具在小腹中部子宫体表投影区和两侧卵巢投影区各拔一罐。

2 刮痧、拔罐治疗应避开月经期。

痛经

痛经发作时刮拭手部第二掌骨、足部、头部生殖器官全息穴区可以有效缓解痛经。非月经期，特别是经前刮拭腰骶部和腹部经穴，可以减缓痛经症状，或预防痛经发生。

快速缓解痛经刮痧方法

方法 1 按揉第二掌骨桡侧下腹区及手掌生殖器官穴区

1 用垂直按揉法按揉第二掌骨桡侧下腹区，寻找疼痛敏感点，重点按揉。

2 用单角刮法或平面按揉法刮拭手掌下部靠近腕侧的生殖器官穴区。

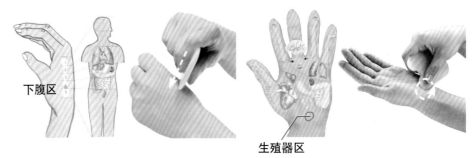

下腹区

生殖器区

方法 2 刮拭足底足跟部及足跟内外侧生殖器官区

1 用面刮法刮拭足底生殖器官穴区，刮至有微热感即可。

2 用平面按揉法按揉足跟内外侧生殖器官穴区。

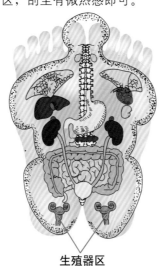

生殖器区

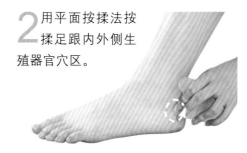

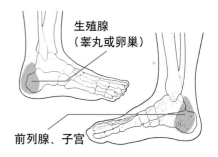

生殖腺（睾丸或卵巢）

前列腺、子宫

女性在月经前后和月经期间，如受寒凉侵袭，或情志抑郁、紧张，或运动过度，生殖器官有炎症、病变等都会导致痛经。轻者，小腹及腰部隐约阵痛，重者小腹疼痛剧烈，腰部有强烈坠胀感，甚至伴有面色苍白、冷汗淋漓、手足厥冷、泛恶呕吐等症状。

刮痧可以有效缓解痛经症状和预防痛经。但对于由子宫内膜异位症、盆腔炎和子宫肌瘤等妇科疾病引起的痛经，要在刮痧治疗的同时治疗引起痛经的器质性病变。

方法 3 刮拭下腹部子宫、卵巢体表投影区和子宫、卵巢脊椎对应区

1 涂刮痧油或隔衣从上向下刮拭下腹部子宫、卵巢体表投影区。

2 用面刮法和双角刮法自上而下腰骶部刮拭子宫、卵巢脊椎对应区(第2~4骶椎及两侧各3寸宽的范围)。

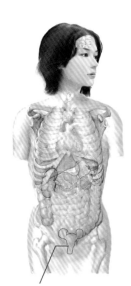

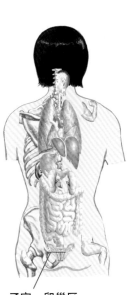

膀胱、子宫及卵巢区

子宫、卵巢区

❀ 取穴原理

刮拭子宫、卵巢体表投影区和脊椎对应区，以及头、手、足部全息穴区，刮拭刺激这些部位可以缓解痛经的症状。

此方法还可用于闭经、盆腔炎和更年期综合征。

特别提示

痛 经刮痧以月经期一周内刮拭效果最好，可以避免或减轻痛经的症状。当刮痧治疗痛经缓解后，平日可以刮拭以上部位进行妇科保健。对严重的顽固性痛经应去医院进行进一步检查，正确诊断，综合治疗。

闭经

方法 1 刮拭头部额旁 3 带、额顶带后 1/3 段

用厉刮法刮拭头部双侧额旁 3 带、额顶带后 1/3 段，并在这些穴区内寻找疼痛敏感点，做重点刮拭。

▌额顶带后 1/3 段
▌额旁 3 带

方法 2 刮拭足底足跟部及足跟内外侧生殖器官区

1 用面刮法刮拭足底生殖器官穴区，刮至有微热感即可。

生殖器区

2 用平面按揉法按揉足跟内外侧生殖器官穴区，对疼痛敏感点作重点按揉。

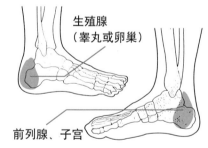

生殖腺
（睾丸或卵巢）

前列腺、子宫

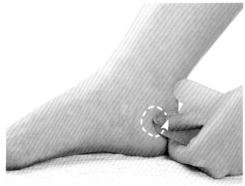

闭 经或称经闭，是指女子年逾18岁，月经尚未来潮，或曾来而又中断，达3个月以上的病症。闭经有多种原因，中医学根据闭经的原因分为血枯经闭和血滞经闭两大类。

先天肾气不足，或后天肝肾亏损，或反复出血而闭经为血枯经闭；精神刺激，郁怒伤肝，肝气郁结，或经期受凉，致成闭经为血滞经闭。

血枯经闭要用补法刮拭，血滞经闭用平补平泻法刮拭。

张秀勤｜刮痧治疗常见病｜一二零

方法 3 刮拭背部、下肢相关经穴

1 用面刮法从上向下刮拭背部双侧膈俞至脾俞、肾俞、次髎。

2 用面刮法从上向下刮拭腹部气海至中极。

3 用面刮法自上而下刮拭下肢血海至三阴交，足三里至丰隆。用垂直按揉法按揉足背太冲穴。

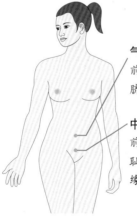

膈俞
脾俞
肾俞
次髎

气海：位于前正中线，脐下15寸处。

中极：位于前正中线上，耻骨联合上缘上1寸。

足三里：位于外侧膝眼直下3寸，距胫骨前嵴一横指处。

丰隆：位于从外踝前缘平齐外踝尖处，到外膝眼连线的1/2处。

太冲：位于足拇趾与次趾的趾缝后约2寸处。

血海：位于髌骨内上缘上2寸，股内侧肌隆起处。

三阴交：位于内踝尖上3寸。

❀ 取穴原理

方法1~3中，头部额旁3带、额顶带后1/3段，足底生殖器官穴区，下腹部子宫、卵巢体表投影区和脊椎子宫、卵巢对应区均是对应生殖器官的全息穴区，刮拭刺激这些部位，可以调节内分泌，治疗闭经。

膈俞、肝俞、脾俞、血海、三阴交、太冲可生血、活血；肾俞、气海、足三里、丰隆可培补元气；次髎、中极可治疗妇科疾病。

盆腔炎，中医称为带下病，系由湿邪影响冲任，带脉失约，冲任失固导致阴道分泌物多或色质气味异常的一种病症，亦称『带下病』，是女性生殖系统常见病。阴道炎、子宫炎、宫颈炎、输卵管、卵巢及盆腔炎可照此刮痧。

方法 1 刮拭头部额旁 3 带、额顶带后 1/3 段

用厉刮法刮拭头部双侧额旁3带、额顶带后1/3段，并在这些穴区内寻找疼痛敏感点，作重点刮拭。

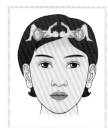

▌额顶带后 1/3 段
▌额旁 3 带

方法 2 刮拭足底足跟部及足跟内外侧生殖器官区

用面刮法刮拭足侧及足底生殖器官穴区，刮至有微热感即可，对疼痛敏感处作重点刮拭。

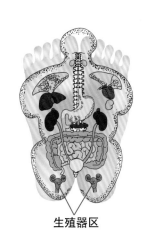

生殖器区

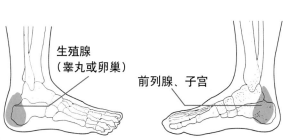

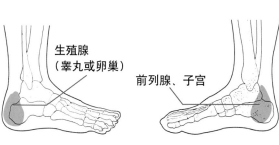

生殖腺
（睾丸或卵巢）

前列腺、子宫

方法 3 刮拭背部膀胱经，腹部任脉、胆经俞穴

1 用面刮法自上而下刮拭背部双侧脾俞至肾俞、次髎至下髎、白环俞。

2 用面刮法自上而下刮拭腹部任脉气海至关元，双侧带脉。

❀ **取穴原理**

　　脾俞至肾俞、气海至关元，调理气血，活血通络，健脾利湿，次髎至下髎、白环俞及带脉，主治妇科病痛。

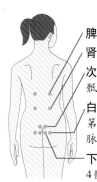

脾俞
肾俞
次髎：位于第2骶后孔处。
白环俞：位于平第4骶后孔，督脉旁开1.5寸。
下髎：位于第4骶后孔处。

带脉：位于第11肋端直下平脐处。
气海：位于前正中线，脐下1.5寸处。
关元：位于前正中线，脐下3寸处。

❀ **取穴原理**

　　方法1~3的刮拭部位均为子宫、卵巢盆腔体表投影区或对应区，刮拭刺激这些部位可以调节内分泌功能，改善盆腔炎症状。

方法 4 刮拭下肢胃经、脾经、肾经俞穴

　　以面刮法刮拭阴陵泉至三阴交；用平面按揉法按揉足三里和复溜穴。

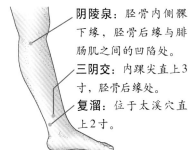
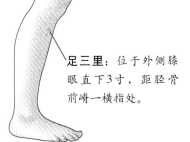

阴陵泉：胫骨内侧髁下缘，胫骨后缘与腓肠肌之间的凹陷处。
三阴交：内踝尖直上3寸，胫骨后缘处。
复溜：位于太溪穴直上2寸。

足三里：位于外侧膝眼直下3寸，距胫骨前嵴一横指处。

❀ **取穴原理**

　　复溜配足三里可滋肾去湿；阴陵泉至三阴交利水化湿，刮拭这几个穴位有助于治疗内湿较重导致的带下病。

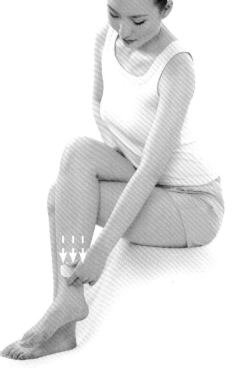

乳腺增生

乳腺增生是女性多发病，好发于青、中年妇女，突出症状是乳房胀痛和乳内肿块。其发病原因与内分泌失调及精神因素有关。雌激素过高和孕激素过少或两激素间不协调以及乳腺组织对雌激素过分敏感，均可导致乳腺增生。乳腺增生分单纯性增生和囊性增生两类。

中医认为情志不畅、痰湿阻滞、乳络不通，或久病体虚、肝肾阴虚、血亏是致病原因。

方法 1 刮拭背部乳腺投影区

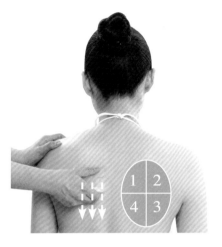

先刮拭一侧背部乳腺投影区。由于区域较大，可以中心划十字将其划分为4个区域，分别用面刮法从上向下刮拭。边刮拭边寻找疼痛、结节等阳性反应，并重点刮拭阳性反应。用同样的方法刮拭另一侧背部乳腺投影区。

方法 2 刮拭背部乳腺脊椎对应区

夹脊穴：从第1胸椎棘突下起至第5腰椎棘突下止，每椎棘突下旁开5分。

膀胱经

督脉

与乳房区域同水平段内的膀胱经、夹脊穴和督脉。

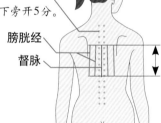

用面刮法从上向下刮拭与乳房同水平段的督脉，用双角刮法从上向下同时刮拭两侧的夹脊穴部位。再用面刮法分别从上向下刮拭两侧同水平段的膀胱经部位。边刮拭边寻找疼痛、结节等阳性反应，并重点刮拭阳性反应。

❀ 取穴原理

乳腺背部投影区和乳腺脊椎对应区直接反应乳腺的健康状况。凡乳腺增生处，在乳腺背部投影区的对应区域均可出痧或有结节状阳性反应。出痧或缩小、消除阳性反应均可软坚散结，有效缓解乳腺增生的症状。

方法3 刮拭胸部、背部相关经穴

1 以单角刮法自上而下刮
拭膻中穴。然后沿肋骨
走向刮拭屋翳穴和期门穴。

2 以面刮法由内向外刮拭肩
井穴，并自上而下刮拭背
部膀胱经双侧膏肓、膈俞至胆
俞，小肠经天宗。

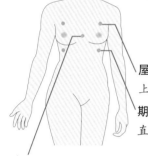

屋翳：位于乳中线
上，第2肋间隙中。

期门：位于乳头
直下，第6肋间隙。

膻中：居于前正中线上，两
乳头之间，平第4肋间隙。

肩井

天宗：位于肩胛
冈下窝的中央。

膏肓：位于
第4胸椎棘突
下，旁开3寸。

膈俞
胆俞

❀ 取穴原理

膻中是任脉上的重要穴
位。肩井、天宗活血通络止痛；
屋翳、期门理气化痰通经活络，
消肿化瘀；刮背部双侧膀胱经膏
肓、膈俞至胆俞可以补肺健脾，
舒肝解郁。

重点提示

1 乳腺增生时，背部刮痧会在背部投影区相对应的部位出现痧
斑或疼痛、砂砾、结节等阳性反应，痧斑或阳性反应的形态
常常提示胸部乳腺的增生形态、性质和程度。刮拭出痧或疼痛减
轻、结节等阳性反应减轻或消失均是乳腺增生好转或减轻的表现。

2 乳腺增生应避免过度疲劳及精神压力过大，劳逸结合与心
情舒畅有利于缓解症状，促进康复，同时忌食辛辣及刺激
性食物。

更年期综合征

更年期综合征是指妇女进入绝经期前后，由于身体内分泌失调所引起的一系列症状和体征。主要表现为行经紊乱、面部潮红、易出汗、烦躁易怒、精神疲倦、头晕耳鸣、心悸失眠，甚至情志异常，有尿频、尿急、食欲不振等，可延续2～3年之久。

中医认为肾虚不能濡养和温煦其他脏器是导致更年期综合征的原因。

方法 1 刮拭头部额旁 3 带、额顶带后 1/3 段

用厉刮法刮拭头部双侧额旁 3 带、额顶带后 1/3 段，并在这些穴区内寻找疼痛敏感点，作重点刮拭。

▌额顶带后 1/3 段
▌额旁 3 带

方法 2 刮拭足底足跟部及足跟内外侧生殖器官区

用面刮法刮拭足侧及足底生殖器官穴区，刮至有微热感即可，对疼痛敏感点作重点按揉。

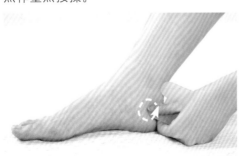

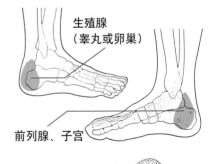

生殖腺
（睾丸或卵巢）

前列腺、子宫

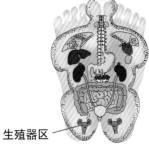

生殖器区

✿ 取穴原理

方法 1~2 的刮拭部位均为子宫、卵巢体表投影区或对应区，刮拭刺激这些部位可以调节内分泌功能，改善更年期症状。

方法 3 刮拭头部、背部、四肢相关经穴

1 用单角刮法刮拭头部百会穴。用面刮法从上向下刮拭背部督脉命门、膀胱经双侧肝俞至肾俞。

2 用面刮法从上向下刮拭腹部肾经双侧中注至大赫，上肢神门、内关穴，下肢足三里、三阴交、足部公孙。

中注：位于横骨上4寸，任脉旁开5分。

内关：位于腕横纹上2寸，两筋之间。

神门：尺侧腕屈肌腱的桡侧，腕横纹上。

大赫：位于横骨上1寸，任脉旁开5分。

百会：两耳直上，头顶正中处。

肝俞：位于第9胸椎棘突下旁开1.5寸。

肾俞：位于第2与第3腰椎棘突间凹陷处的外侧1.5寸处。

命门：第2腰椎棘突下，向前和肚脐相对。

3 用垂直按揉法按揉足部太冲穴，用平面按揉法按揉太溪。

足三里：位于外侧膝眼直下3寸，距胫骨前嵴一横指处。

太冲：位于横骨上1寸，任脉旁开5分。

太溪：位于内踝后缘与跟腱内侧的中间，与内踝尖平齐处。

阴陵泉：胫骨内侧髁下缘，胫骨后缘与腓肠肌之间的凹陷处。

三阴交：位于内踝尖上3寸。

公孙：位于第1跖骨底的前下缘凹陷中，赤白肉际处。

✿ 取穴原理

命门、肾俞、太溪可调补肾气，中注至大赫可滋肾养肝、调经，神门、内关可活血通络，安神定志，百会配三里、三阴交、公孙及太冲、肝俞可调理肝脾而助气血生化和运行。

刮痧 治疗常见病 张秀勤

刮痧治疗 五官科常见病

颜面五官的病痛不仅让人痛苦，还影响容貌美观，刮痧可以快速止痛和改善五官病症。为避免出痧影响容貌，应尽量选取其他部位进行刮痧治疗，必须选取暴露部位刮痧时，手法应尽量柔缓，刮拭时间要短，尽量避免出痧。

牙痛

牙

　　牙痛是口腔疾患中最常见的症状，牙齿及周围组织的疾病，牙邻近组织的牵涉痛及全身疾病均可引起牙痛。

　　中医将牙痛分为风火牙痛、虚火牙痛和实火牙痛三型。风火牙痛表现为牙痛甚剧、牙龈红肿、齿龈肿胀、兼形寒身热，是风邪入侵，郁化为火而致；实火牙痛表现为牙痛强烈、齿兼口臭口渴、便秘，是肠胃积热所致；虚火牙痛表现为牙痛隐隐时作时止，常在夜晚加重，是肾精不足所致。另外根据经脉的循行规律，上牙痛与大肠经有关，下牙痛与胃经有关。

方法 1 刮拭头部全息穴区

　　用厉刮法分别刮拭头部额中带，额顶带中 1/3，顶颞前斜带下 1/3，顶颞后斜带下 1/3。

额中带

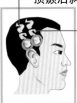
顶颞后斜带
顶颞前斜带

额顶带

方法 2 刮拭面部相关经穴

1 用平面按揉法按揉面部下关、颊车。

2 用平面按揉法按揉手背合谷穴。

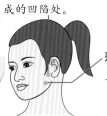

合谷：位于手背部第二掌骨桡侧缘的中点。

下关：位于颧弓与下颌切迹所形成的凹陷处。

颊车：位于下颌角前上方约1横指处。

❀ 取穴原理

　　手阳明大肠经入下齿中，足阳明胃经入上齿，手足阳明相接，故取合谷、颊车、下关等阳明经穴通经止痛。

刮痧提示

风火牙痛、实火牙痛用平补平泻法刮拭，虚火牙痛用补法刮拭。

风火牙痛：刮拭上肢相关经穴

✿ 取穴原理

　　风池、外关可疏风解表，治风火牙痛。

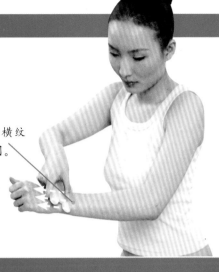

风池：位于风府穴旁，胸锁乳突肌和斜方肌上端之间的凹陷处，即后头骨下，两条大筋外缘陷窝处。

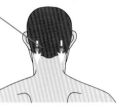

外关：位于腕背横纹上2寸，两骨之间。

　　用单角刮法刮拭后头部风池。用面刮法刮拭外关。

实火牙痛：刮拭手足相关经穴

✿ 取穴原理

　　二间、内庭均为荥穴，可清热泻火止痛，治实火牙痛。

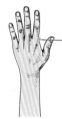

二间：位于第二掌指关节远端桡侧的赤白肉际处。

内庭：位于足背第2、3趾间缝纹端。

　　用面刮法刮拭手背二间。用垂直按揉法按揉足背部内庭。

虚火牙痛：刮拭足部相关经穴

✿ 取穴原理

　　太溪是足少阴经原穴，可滋阴补肾，以治本；行间为足厥阴经荥穴，可以清热降火，以治标，治虚火牙痛。

太溪：位于内踝后缘与跟腱内侧的中间，与内踝尖平齐处。

行间：位于足拇趾与次趾的趾缝后约5分处。

　　用平面按揉法按揉太溪，用垂直按揉法按揉行间。

鼻窦炎

鼻窦炎是常见的鼻窦粘膜化脓性炎症，以鼻流腥臭脓涕、鼻塞、嗅觉减退为主症，常伴头痛。鼻窦炎常继发于上感或急性鼻炎。局部症状因鼻腔粘膜肿胀和分泌物增多，而见鼻塞加重，多流脓稠涕，或鼻涕发臭。分泌物潴留和鼻窦内粘膜肿胀，压迫神经末梢，常引起头痛及局部疼痛。中医认为，鼻窦炎是因外邪侵犯鼻窦，窦内湿热蕴积，酿成痰浊所致。

方法 1 刮拭头部、颈部相关全息穴区

1 以厉刮法刮拭头部额中带，双侧额旁1带。并用平面按揉法刮拭面部肺区。

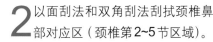

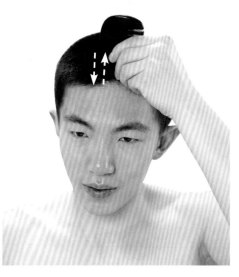

2 以面刮法和双角刮法刮拭颈椎鼻部对应区（颈椎第2~5节区域）。

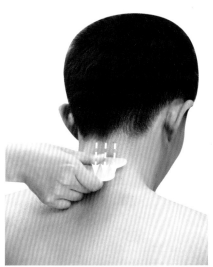

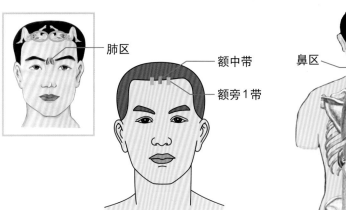

肺区

额中带

额旁1带

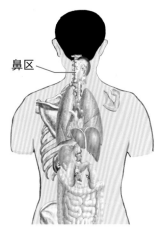

鼻区

❁ **取穴原理**

　　额中带是头面部穴区，可以治疗包括鼻子在内的头面部疾病；面部肺区及双侧额旁1带是肺脏穴区，可以理气宣肺，对治疗鼻窦炎有利；刮拭颈椎鼻部对应区可间接治疗鼻部疾病。

方法 2 刮拭面部、颈部相关经穴

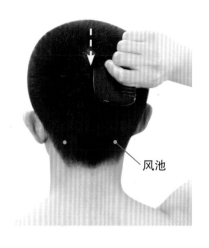

风池

用平面按揉法按揉面部印堂、上迎香、迎香，用平刮法刮拭攒竹。并用单角刮法刮拭头顶部百会穴和头颈部双侧风池。

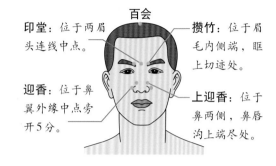

百会

印堂：位于两眉头连线中点。

迎香：位于鼻翼外缘中点旁开5分。

攒竹：位于眉毛内侧端，眶上切迹处。

上迎香：位于鼻两侧，鼻唇沟上端尽处。

❀ 取穴原理

印堂、迎香、上迎香、攒竹可通经活络而利鼻窍。百会、风池疏风解表。

方法 3 刮拭背部、四肢相关经穴

列缺：位于桡骨上方，腕横纹上1.5寸。

脾俞：位于第11胸椎棘突下旁开1.5寸。

胆俞：位于第10胸椎棘突下旁开1.5寸。

阴陵泉：胫骨内侧髁下缘，胫骨后缘与腓肠肌之间的凹陷处。

三阴交：内踝尖直上3寸，胫骨后缘处。

1 以面刮法刮拭背部双侧胆俞至脾俞。

2 用面刮法刮拭上肢列缺至太渊穴，用平面按揉法按揉手背合谷穴。

3 以面刮法刮拭下肢自阴陵泉刮至三阴交。

❀ 取穴原理

胆俞至脾俞平肝利胆、疏热泄阳，合谷疏风解表，列缺、太渊宣肺理气，阴陵泉、三阴交通经活络。

咽喉肿痛

咽

咽喉肿痛是指咽喉部红肿疼痛的症状。多见于外感及咽喉部疾病。起病急，一般会持续4~6天，多次发作后易转为慢性。

咽喉肿痛以扁桃体炎最为多见。慢性咽喉肿痛可能成为风湿热和肾炎等病的诱因，所以不可轻视。急慢性扁桃体炎、咽炎、吞咽困难、咽异常感觉、打鼾、喉炎均可参照本症刮痧治疗。

方法1 刮拭颈部全息穴区

1 用面刮法刮拭颈前咽喉体表投影区，即颈部正中处，从廉泉穴缓慢向下刮拭，再用刮痧板角部缓慢轻刮颈前下部凹陷处，即天突穴的部位。再用面刮法刮拭喉结两侧部位。

2 用面刮法和双角刮法刮拭颈椎咽喉对应区（颈椎第4~6节脊椎及两侧各3寸宽的范围）。

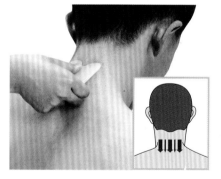

天突：位于胸骨上窝正中。

廉泉：正坐微仰头取穴，在喉结上方，当舌骨的下缘凹陷处。

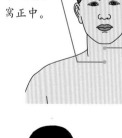

❀ **取穴原理**

刮拭咽喉体表投影区可快速改善咽喉部位血液循环，消炎解毒。刮拭咽喉脊椎对应区也可改善咽喉局部炎症反应。

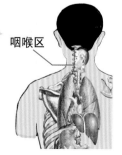
咽喉区

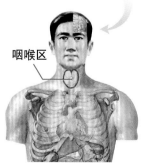
咽喉区

方法 2 刮拭颈背部相关经穴

1 以单角法刮拭后头部双侧风池穴。

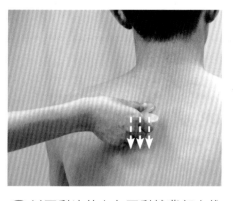

2 以面刮法从上向下刮拭背部大椎穴和双侧膀胱经风门至肺俞穴。

❀ 取穴原理

风池、大椎清热疏风解表；风门和肺俞均为祛风宣肺、清热消肿常用穴。

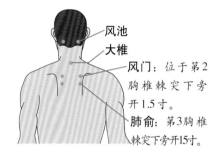

风池
大椎
风门：位于第2胸椎棘突下旁开1.5寸。
肺俞：第3胸椎棘突下旁开15寸。

方法 3 刮拭四肢相关经穴

1 以面刮法刮拭上肢尺泽、曲池、列缺，用平面按揉法按揉手背合谷穴。

2 用面刮法刮拭下肢丰隆，足背冲阳，用平面按揉法按揉足踝处太溪和水泉。

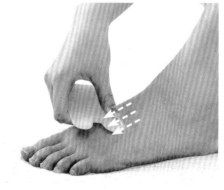

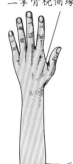

❀ 取穴原理

曲池、合谷疏风解表，清咽止痛；尺泽、列缺、太溪、水泉，可滋阴降火；丰隆、冲阳，泻热涤痰。

合谷：位于手背部第二掌骨桡侧缘的中点。

列缺：位于桡骨上方，腕横纹上1.5寸。

尺泽：位于肘横纹中，肱二头肌腱桡侧。

曲池：位于肘横纹桡侧端稍外方的凹陷中。

丰隆：位于从外踝前缘平齐外踝尖处，到外膝眼连线的1/2处。

冲阳：位于足背最高点，可扪及动脉搏动处。

太溪：位于内踝后缘与跟腱内侧的中间，与内踝尖平齐处。

水泉：位于内踝与跟腱之间的凹陷处直下1寸。

目赤肿痛

目

赤肿痛为多种眼科疾患中的一个急性症状，俗称暴发火眼或红眼，常见眼睛红肿、怕光、流泪、目涩难睁、眼睑肿胀，可伴头痛、发热、口苦、咽痛，经常是由于急性结膜炎、结核性结膜炎、急性流行性结膜炎、急性出血性结膜炎等病所致。

中医认为风热湿邪或肝胆火邪侵袭目窍是导致目赤肿痛的根本原因，所以刮痧治疗时以疏风泄热为主。

方法 1 刮拭头部、颈部全息穴区

1 用厉刮法刮拭额中带，额旁1带，额顶带前1/3段。

▌额顶带前1/3
▌额中带
▌额旁1带

2 用面刮法和双角刮法从上向下刮拭颈椎眼部对应区（颈椎第1~3节区域）。

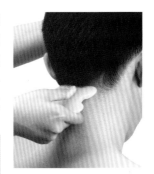

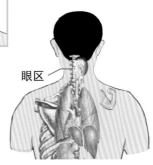

眼区

方法 2 刮拭头面部相关经穴、奇穴

1 用面刮法刮拭患侧攒竹、眉冲、上星穴，用平面按揉法按揉患侧太阳穴。

2 用单角刮法刮拭头颈部双侧风池穴。

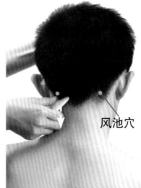

风池穴

上星：位于头部中线入前发际1寸处。

攒竹：位于眉毛内侧端，眶上切迹处。

眉冲：位于眉头上直上入发际处。

太阳：位于外眼角和眉梢之间，向后约1寸的凹陷处。

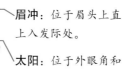

❀ 取穴原理

攒竹、眉冲、太阳均为眼睛周围经穴，可治疗眼部疾患；上星、风池可疏泄风热。

方法 3 刮拭背部膀胱经双侧肺俞、肝俞、胆俞

❋ 取穴原理

刮拭肺俞可宣清肺热，刮拭肝俞、胆俞可疏阳平肝。

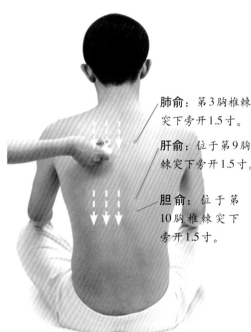

肺俞：第3胸椎棘突下旁开1.5寸。

肝俞：位于第9胸椎棘突下旁开1.5寸。

胆俞：位于第10胸椎棘突下旁开1.5寸。

用面刮法自上而下刮拭背部双侧肺俞、肝俞、胆俞。

辅助治疗手段

可用白菊花60克煎水，每天晚上睡前熏洗眼外部。

方法 4 刮拭上肢大肠经、肺经，下肢胆经俞穴

1 用平面按揉法按揉手背合谷穴，用面刮法刮拭三间穴和二间穴。

2 用推刮法刮拭食指侧商阳穴和拇指侧少商穴。

二间：位于第二掌指关节远端桡侧的赤白肉际处。

三间：位于第二掌指关节后，桡侧凹陷处。

商阳：位于食指末节桡侧，距指甲角1分处。

少商：拇指桡侧，距指甲角约1分处。

合谷：位于手背部第二掌骨桡侧缘的中点。

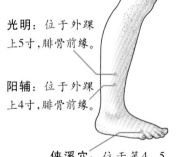

光明：位于外踝上5寸，腓骨前缘。

阳辅：位于外踝上4寸，腓骨前缘。

侠溪穴：位于第4、5趾缝间，趾蹼缘上方。

3 用面刮法刮拭小腿外侧光明穴至阳辅穴，用垂直按揉法按揉侠溪穴。

❋ 取穴原理

刮拭少商、商阳、合谷、三间穴和二间穴可清热散风、消肿；光明穴至阳辅穴可清胆明目，祛风利湿；侠溪穴疏风清热。诸穴配伍可有效治疗目赤肿痛。

视力减退

方法 1 刮拭头部全息穴区

❀ 取穴原理

    额中带对应头面五官，额旁 2 带对应肝脏，额顶带后 1/3 段对应肾脏，顶枕带下 1/3 段对应视神经中枢，刮拭这些部位可调补肝肾，缓解视力减退。

 额中带 额旁 2 带
 顶枕带 额顶带

用厉刮法依次刮拭额中带、额旁 2 带、额顶带后 1/3 段、顶枕带下 1/3 段。

方法 2 刮拭颈椎眼部对应区

    先用面刮法刮拭颈部后正中线颈椎 1~3 节部位。以双角刮法刮拭 1~3 颈椎两侧的膀胱经部位，再用面刮法刮拭颈部两侧同水平段的胆经部位。注意发现疼痛和结节等阳性反应区域并重点刮拭。

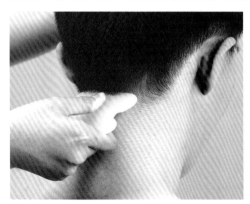

— 膀胱经   ● 颈椎眼部反应区
— 胆经

❀ 取穴原理

    刮拭颈椎眼部对应区，可调节眼部神经传导及改善眼部血液循环，缓解视力减退。

方法 3 刮拭头部、背部、四肢相关经穴

1 用平面按揉法按揉面部攒竹、瞳子髎、承泣；用垂直按揉法按揉睛明。

2 用单角刮法刮拭后头部风池。用面刮法从上向下刮拭背部肝俞、肾俞。

3 用平面按揉法按揉手背部合谷穴，用面刮法刮拭下肢外侧光明。

风池：位于后头骨下，2条大筋外缘陷窝处。

肝俞：位于第9胸椎棘突下旁开1.5寸。

肾俞：位于第2与第3腰椎棘突间凹陷处的外侧1.5寸处。

光明：位于外踝上5寸，腓骨前缘。

攒竹：眉毛内侧端，眶上切迹处。

瞳子髎：位于目外眦外方，眶骨外侧缘凹陷中。

睛明：位于内眼角向上1分，靠近眼眶骨内缘处。

承泣：目正视时，瞳孔直下，当眶下缘与眼球之间。

合谷

❈ 取穴原理

　　肝俞、肾俞可调补肝肾经气；攒竹、睛明可疏调局部经气，调节眼部气血；瞳子髎、承泣为治眼疾有效穴；光明调补肝胆而明目；合谷、风池疏风通络。

保护视力小提示

　　视力减退与用眼过度有很大关系，长时间书写或阅读，应该每隔半小时做做远眺，看看窗外的绿色植物，让眼睛休息一下。感觉眼睛疲劳时，闭目5~6分钟，同时刮拭按揉眼周穴位，可以快速消除眼疲劳。另外在饮食中可多吃一些胡萝卜、猪肝、菠菜等有益于肝脏的食物。

刮痧治疗儿科常见病

小儿皮肤娇嫩，年龄幼小，不能很好配合刮痧治疗，因此为小儿刮痧应按压力轻，刮拭时间短，多应用补法，刮拭部位可以分次完成。小儿是纯阳之体，肌体康复快，只要刮拭刺激到位会很快出现治疗效果。

小儿腹泻

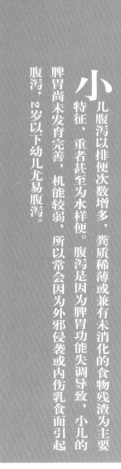

小儿腹泻以排便次数增多，粪质稀薄或兼有未消化的食物残渣为主要特征，重者甚至为水样便。腹泻是因为脾胃功能失调导致，小儿的脾胃尚未发育完善，机能较弱，所以常会因为外邪侵袭或内伤乳食而引起腹泻，2岁以下幼儿尤易腹泻。

方法 1 刮拭腹部肠、胃的体表投影区和脊椎肠、胃对应区

1 用面刮法从上向下刮拭腹部肠、胃的体表投影区（具体位置请见145页）。

2 用面刮法和双角刮法从上向下刮拭脊椎肠、胃对应区（具体位置请见145页）。

方法 2 刮拭背部、腹部、下肢相关经穴

1 用面刮法从上向下刮拭背部膀胱经双侧脾俞、肾俞、大肠俞至小肠俞（具体位置请见55页上方背部图）。

2 用面刮法从上向下刮拭腹部任脉建里至水分、胃经双侧天枢、肝经双侧章门（具体位置请见55页下方腹部图）。

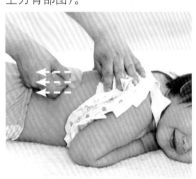

❀ 取穴原理

刮拭肠、胃的全息穴区或体表投影区，可以间接调节肠、胃功能，改善腹泻症状。脾俞、大、小肠俞配天枢、章门、下脘，可健脾、消积化滞、和中止泻；肾俞、建里、水分等穴利湿止泻，足三里、内庭健脾和胃。

注：小儿的穴位位置以及全息区的位置与成人的相同，但要注意在使用手指同身寸法定位穴位时，要使用小儿自己的手指来测量。为小儿刮痧时，手法不可过重，宜多用补法，间或采用平补平泻法。

小儿厌食症

小儿厌食症主要表现为没有食欲或食欲减退、饮食不化、腹满胀痛、嗳气、呕吐乳食、大便腥臭等，小儿厌食症是脾胃虚弱，消化吸收功能减退的表现。

方法 1 刮拭背部、腹部相关经穴

1 用面刮法从上向下刮拭背部大椎至悬枢、脾俞至三焦俞（具体位置请见55页上方背部图）。

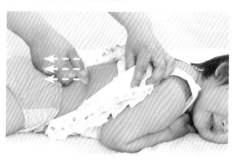

2 用面刮法从上向下刮拭腹部任脉中脘至气海、胃经双侧天枢、肝经双侧章门（具体位置请见55页下方腹部图）。

❀ 取穴原理

大椎至悬枢、脾俞至三焦俞、中脘至气海，可疏泄阳热，健脾和胃；配天枢、章门，行气消积化滞。

方法 2 刮拭手部奇穴双侧四缝，下肢胃经、脾经俞穴

1 用垂直按揉法按揉双侧奇穴四缝。

四缝：每只手四穴，双手共八穴。

2 用平面按揉法按揉下肢双侧足三里，足内侧公孙穴（具体位置请见46页）。

❀ 取穴原理

四缝是经外奇穴，主治小儿消化不良。足三里是胃经合穴，公孙是脾经络穴，二者相配合可有效调节脾胃功能，促进消化吸收。

年满3周岁以上的小儿经常在睡眠中不自觉排尿，俗称『尿床』。这与幼儿智力和心智尚未发育完善，排尿的正常习惯尚未养成，或贪玩少睡，精神过度疲劳有关。若3岁以上的幼儿，尚不能自控排尿，每睡即遗，则应视为病态，及早就治，以免影响小儿身心健康。刮痧对治病小儿遗尿症有较显著疗效。

方法 1 刮拭手第二掌骨桡侧下腹穴区及足底膀胱、肾区

1 用垂直按揉法按揉第二掌骨桡侧下腹穴区（具体位置请见 146 页）。

2 用面刮法或平面按揉法刮拭足底膀胱及肾区（具体位置请见146页）。

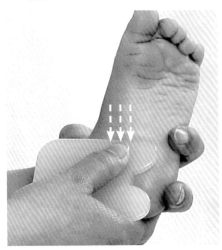

方法 2 刮拭下腹部及腰部膀胱、肾的全息穴区

1 用面刮法和双角刮法从上向下刮拭肾脏（第 11 胸椎至第 3 腰椎及两侧各 3 寸宽的范围）、膀胱（第 2~4 骶椎及两侧各 3 寸宽的范围）脊椎对应区。（具体位置请见 145 页）

2 以面刮法自上而下刮拭腹部膀胱体表投影区。（具体位置请见 145 页）

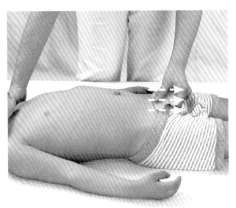

✿ 取穴原理

方法 1~2 的部位均为膀胱、肾的全息穴区，刮拭这些部位可以间接调节膀胱和肾的功能，有助于治疗小儿遗尿症。

方法 3 刮拭头部双侧额旁 3 带、额顶带后 1/3 段

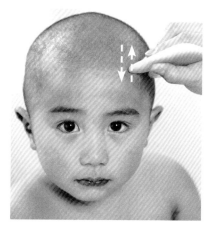

以厉刮法刮拭双侧额旁 3 带，以同样方法刮拭额顶带后 1/3 段（具体位置请见 112 页）。

方法 4 刮拭下肢相关经穴

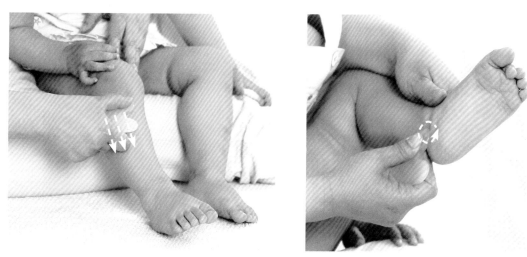

用平面按揉法按揉下肢双侧足三里及三阴交，足部太溪穴（具体位置请见 46 页）。

❀ 取穴原理

足三里、三阴交健脾益气，肾经原穴太溪可补益肾气。

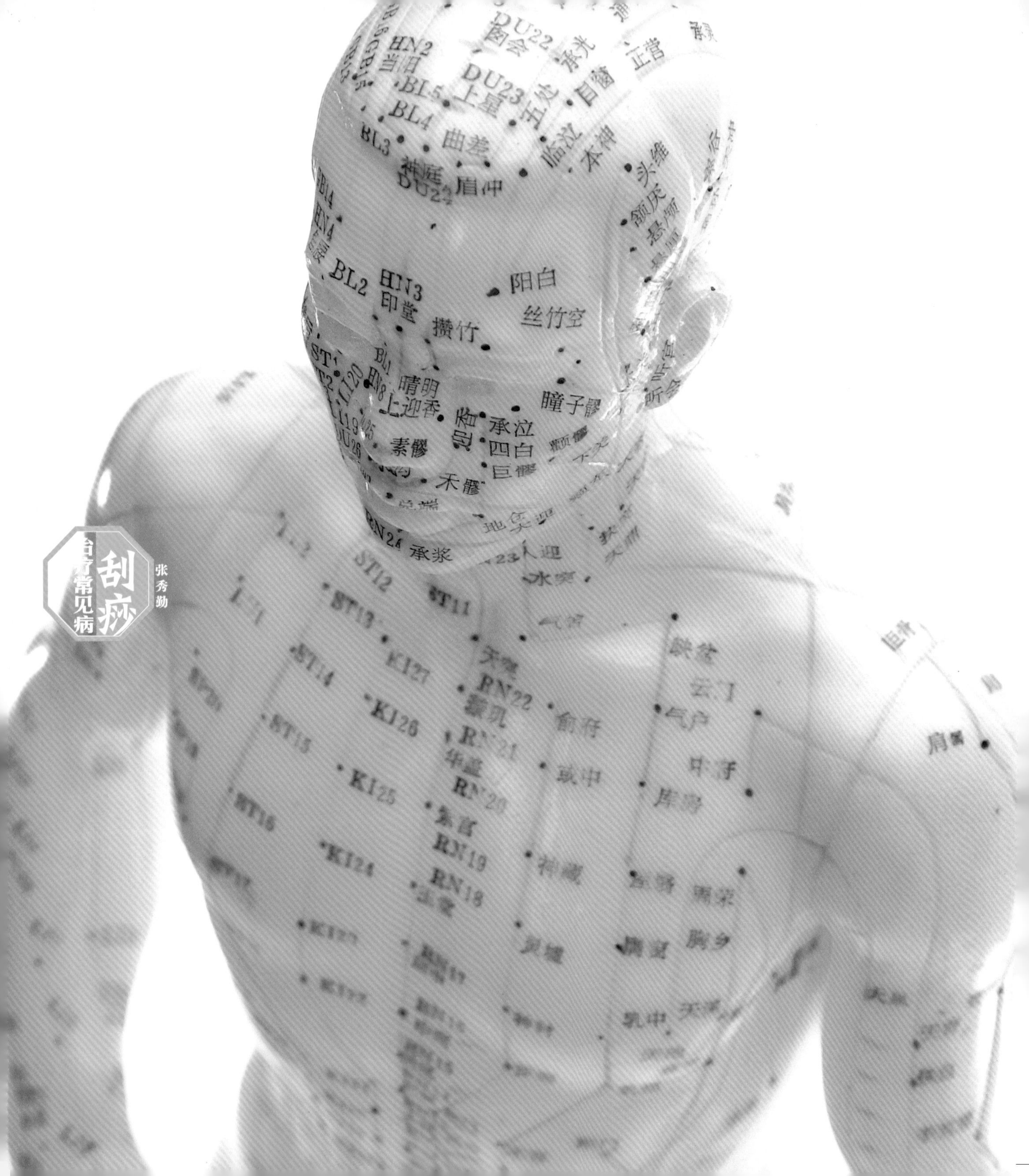
DU22
囟会
承光
正营
HN2
当阳
DU23
上星
五处
目窗
BL5
BL4
曲差
BL3
临泣
本神
头维
神庭
DU24
眉冲
颔厌
悬颅
BL2
HN3
印堂
阳白
攒竹
丝竹空
BL1
睛明
上迎香
瞳子髎
承泣
四白
素髎
巨髎
禾髎
RN24
承浆
人迎
ST12
ST11
缺盆
云门
RN22
俞府
气户
RN21
华盖
彧中
中府
RN20
库房
肩髃
RN19
神藏
RN18
胸乡
乳中

刮痧的理论基础

刮痧是一项古老的技法，历史悠久，如今的刮痧更绽放出夺目的光彩。长盛不衰的背后是深厚的中医底蕴，并在发展演化中汲取了现代生物全息医学的精华，因此学习刮痧疗法时，应该对中医脏腑、经络、穴位理论和生物全息理论有所了解。

中医五脏六腑的概念

中医脏腑理论是刮痧诊断与治疗的理论基础之一。中医脏腑理论是刮痧诊断与治疗的理论基础之一。中医概念中的五脏是化生和储藏精气的器官，宜补益；六腑是受盛和传化水谷的中空管道状器官，宜通泻。脏腑管辖着肌体气血津液的生成，并为其在体内的分布、运行、各种功能活动提供源动力。因此，脏腑健康是肌体健康的基础。

❀ 人体是一个有机的整体

中医认为，人体以五脏为中心，通过经络系统的联系组成一个有机的整体。中医五脏以功能为边界而不以解剖结构为边界。因此中医脏腑既包括有形的同名脏器，也包括与之相关联的各种功能活动。以五脏为首，一脏一腑一窍一体构成五大系统，人体所有器官的功能都包括在这五个系统中。

脏腑之间除了有相表里的关系外，又与筋骨肉皮毛、体液、情志和五官等有不同主从关系。正是这些相互关联将人体构成一个有机的整体。如牵一发而动全身，内脏器官的病理变化会通过这些联系途径反映于体表，外界与体表的任何刺激也会影响内部的脏腑器官，这就是中医的整体观念。对这些知识有所了解对我们运用刮痧疗法治病保健会更有帮助。

五脏	五腑	五体	五官	五液	五荣	五色	五志	五神	五行
心	小肠	脉	舌	汗	面	赤	喜	神	火
肝	胆	筋	目	泪	爪	青	怒	魂	木
肺	大肠	皮毛	鼻	涕	毛	白	悲	魄	金
脾	胃	肉	口	涎	唇	黄	思	意	土
肾	膀胱	骨	耳	唾	发	黑	恐	志	水

注：六腑中的"三焦"（上焦、中焦、下焦）为元气、水液通行的道路和场所，主要功能：一运行元气，二运行水谷和水液，为水液升降出入的道路，概括饮食的整个代谢过程，涉及到人体胸腔、上腹腔、下腹腔的各脏腑，不是指某个具体器官，没有五行相配和相表里的脏器。

❀ 脏腑的功能活动

脏、腑作为人体整体的重要组成部分，相互间在生理功能上互依互补，相互为用，又相互制约，现代医学某一个系统的功能活动，需要中医多个脏腑的参与来共同完成。

❀ 参与血液循环的脏腑

心主血，肺主气。气有生血、行血、摄血的作用，同时血液可以运载气，帮助运走废气，载来新鲜氧气。

脾为气血生化之源，并统摄血液有规律的运行，使其不溢出脉外。

肝主藏血，调节血量的分配，肝气调达，血液运行正常，怒则气上、恐则气下、惊则气乱、思则气结、忧则气郁，情志的变化会引发出血、血液瘀滞等各种血液运行失调的病症。

❀ 参与呼吸功能的脏腑

肺主气，司呼吸，可吸纳清气（氧气），并向各脏腑器官输送清气。

肾主纳气，吸纳肺运送的清气进入和营养各脏腑器官。

❀ 参与饮食、水液代谢的脏腑

脾主运化水谷精气，食物及水液通过胃的初步消化，进入小肠进一步消化为人体可吸收的精微物质。小肠泌别清浊，清者输送于脾，经脾散布津液，在肺的帮助下输送至全身；浊者，多余的废物分别送至大肠和膀胱等待排出体外。

肾主水液代谢，总管水液在体内的分配和调节以及排泄。

❀ 参与运动功能的脏腑

脾主肌肉，肝主筋，肾主骨，肝脾肾共同主管运动系统，分别参与肌肉、筋（肌腱、韧带）、骨骼的生长发育。维持骨关节的正常功能。

❀ 参与神经、精神活动的脏腑

心主神志，参与人的精神思维活动；肾主生髓，与大脑中枢神经和脊髓有关；肝胆参与精神情绪的调节。五脏分别与各种情绪有关：肺主悲，肝主怒，心主喜，肾主恐，脾主思。

❀ 参与生长发育与生殖的脏腑

肾主生长发育，主管生殖活动，为先天之本；脾所化生的水谷精微和肺生成的清气均需借助肾之阳气，才能送至各部位，营养全身，为后天之本。

经络和穴位的概念

经络学说是刮痧选经配穴的理论基础。经络是人体最高的综合调控系统，是人体的信息网络，负责沟通肌体内外上下，运行气血、营养、传导、感应各种刺激，总而言之是我们人体的总调度。这张信息网上的信号结点就是各个穴位，它们是经络之气输注于体表的部位，也是刮痧治疗疾病的主要刮拭部位。选择最佳的经脉、穴位进行刮痧治疗，可以对相应脏腑器官起到很好的保健和治疗作用。

❀ 十四经脉

经络学说的核心是"十四经脉"，包括十二正经（六阳经、六阴经）和任督二脉。

十二经脉与脏腑相互络属，可直接影响脏腑的功能和健康。奇经八脉中的任脉主管全身阴经，对女性月经、妊娠等生理过程有调节作用。督脉主管全身阳经，对大脑、肾和神经系统有调节作用。

十二经脉在体表左右对称地分布于头面、躯干和四肢，纵贯全身。六阴经分布于四肢内侧和胸腹，六阳经分布于是四肢外侧和头面、躯干。

十二经脉的循行走向为，手三阴经从胸走手，手三阳经从手走头，足三阳经从头走足，足三阴经从足走腹胸。

十二经脉的交接规律为：阴经与阳经在手足末端相交，阳经与阳经在头面部相交，阴经与阴经在胸部相交。

❀ 十四皮部

十四经脉的皮部就是十四经脉功能活动在体表的反映部位。某经的皮部，就是该经在体表的作用区域。每条经脉皮部的范围应以该经脉循行线为中心，向两侧对称拓宽，至相邻经脉皮部为止。经脉线与穴位均在皮部范围之内。皮部属于人体最外层，是肌体的屏障，具有卫外安内的功能，起到对外接受信息、对内传达命令的作用。刮痧法刮拭面积较大，在刮拭某经时，除了刮拭到经脉主干线外，也刮拭了其皮部的孙络，或说是主要刮拭了其皮部的孙络而起到治疗作用的。

刮痧的方式，直接作用于十四皮部的孙络，使细小的络脉充血或出血，使皮部的汗孔开张，从而达到排泄邪气的作用。皮部将刮痧刺激的治疗信息传入经脉、通过经脉而入内脏，从而起到调整经络和脏腑功能的目的，使肌体恢复健康。

穴位介绍

穴位的正式名称为"俞穴"，分为：经穴、奇穴、阿是穴三大类。

经穴：指属于十二经脉和任、督二脉的俞穴，它们都分布在十四经循行路线上，和经脉关系密切，可以反映本经及所属脏腑的病症。

奇穴：指没有归属于十四经脉的俞穴，因对某些病症有特殊疗效而得名"奇穴"，也叫"经外奇穴"。

阿是穴：此穴得名很有意思。当按到痛处时，被按者会喊："啊！是（这里痛）"，当这个被按的穴位非十四经穴或经外奇穴时，就被称为"阿是穴"。

十四经循行路线上的俞穴，有输注气血、反映病候、防治疾病的作用。预防治疗疾病过程中，对俞穴的刮痧刺激，可以激发、调节经络气血的运行，排除邪气，从而达到扶正祛邪治疗内脏疾病的目的。还有一些特定穴，如，五俞穴、原穴、络穴、郄穴、八脉交会穴、下合穴、募穴、背俞穴、八会穴和全身经脉的交会穴。这些经穴在临床治疗中有重要意义，在刮痧疗法中也有重要价值。

穴位的定位法

穴位定位一般有"手指同身寸法"、"体表标志法"、"骨度分寸法"等方法，其中前2种方法更容易掌握，而最后1种方法更为准确些。本书中没有特别注明时，均采用的是"手指同身寸法"。

骨度分寸法

也叫"骨度法"，是以骨节为主要标志，测量全身各个部位的大小长短，并依照规定的尺寸数据，按比例折算确定俞穴所在位置的一种方法。

手指同身寸法

中指同身寸：以中指中节桡侧两端的纹头间距作1寸。

拇指同身寸：以拇指指间关节的宽度为1寸。

横指同身寸：又叫"一夫法"，将手四指并拢，在中指中节横纹处测4指的宽度，作为3寸。

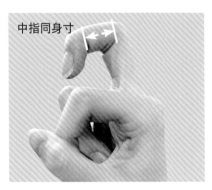

手指同身寸法主要用于四肢部位的取穴，其中"横指同身寸"也多用于腹部和背部的度量取穴。

体表标志法

以解剖学的各种体表标志为依据来确定穴位，因为有解剖结构作为参照更准确，常用在描述穴位位置中。

固定标志如骨骼、肌肉所形成的凸起、凹陷、五官、发际、爪甲（指、趾尖）、乳头、肚脐等可作取穴标志。如眉间取印堂、两乳之间取膻中、腓骨小头前下方取阳陵泉。

活动标志如关节、肌腱、皮肤在活动过程中出现的隆起、凹陷、皱纹、尖端等。如曲肘后在肘横纹外端凹陷处取曲池，张口后在耳屏前的凹陷处取听宫。

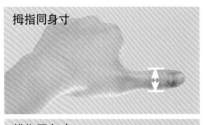

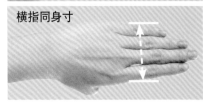

生物全息理论与全息刮痧法

生物全息理论是现代刮痧选取刮痧部位的一个新的理论依据，按生物全息理论选区配穴，进行刮痧治疗的方法叫全息刮痧法。全息刮痧法增加了刮痧疗法选穴的方法，也提高了刮痧的疗效。运用生物全息理论对局部器官的不同区域进行刮拭刺激诊查病症，了解健康状况，调节阴阳气血，调理脏腑，治疗疾病更加简便、快捷。

❀ 全息与全息现象：局部包含整体的全部信息

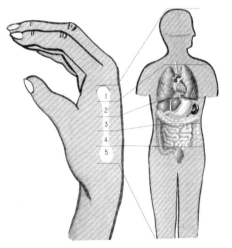

手部第二掌骨桡侧全息穴区示意图

"全息"一词最早出现在物理学领域，是"全部信息"的简称。生物全息理论诞生于上世纪70年代，山东大学张颖清教授首先发现第二掌骨桡侧穴位群的分布恰像整个人体成比例的缩小。这是偶然现象，还是共有的规律？经过大量研究实证，科学家们发现这种穴位群的分布规律不仅仅限于第二掌骨，人体所有肢节的穴位群都具有这样的特性。随后进一步的研究证实，是受精卵细胞有丝分裂和DNA半保留复制的发生、发育过程决定了生物体的这种特性，从而发现了生物的全息律。生物全息律揭示了生物体局部与整体具有统一性，即生物体每一局部都具有整体缩影的特征。

所以生物体上任何一个细胞、器官或局部，都有着与原始胚胎相同的发育基础，都含有与原始胚胎相同的基因，这样的相对独立的部分，叫作"全息胚"，"全息胚含有原始或现在整体全部器官的图谱，是整体的缩影"，即人体的任何局部器官都包含了对应整体的全部信息。

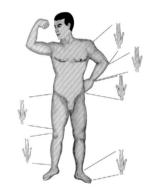

人体全息穴区排布示意图

❀ 全息刮痧法：受生物全息理论启迪而创立

生物全息理论很好地为看似玄妙的中医诊疗方法提供了现代的科学解释体内脏腑气血的病变可反应于体表各组织器官，人体每一局部区域内的生理病理变化，都蕴含着全身五脏六腑、气血阴阳盛衰的整体信息。

在刮痧疗法中，运用生物全息理论既可对局部器官的不同区域（全息穴区）进行刮拭刺激，以达到治疗和保健的目的；又可以通过在刮拭过程中所发现的敏感点和出痧形态，察知内脏受损害的部位和程度。

❀ 全息穴区和同名器官之间的关系：一枯俱枯，一荣俱荣

所有全息胚上的全息穴区，与相应脏腑器官组织具有生物学细胞相似的特征，故会产生病理变化和治疗效应一致的反应，即对应性。所以当一个脏腑器官发生病变，其病理信息就会沿经络和神经体液的传导影响到全身各局部器官同名的全息穴区，出现病理反应。同样人体每一局部的生理病理变化，也都蕴含着全身五脏六腑、气血阴阳的整体信息。这即"一枯俱枯"的规律。

这些病理改变在刮痧时，会以色泽改变、压痛、结节，甚至出痧显示出来。只要掌握了这些异常改变的规律，可以及时了解各脏腑器官的健康状况。

当刮痧刺激这些全息穴区时，刺激的信息和全息穴区上的康复反应，也会沿经络和神经体液的传导传入相应脏腑器官，促

进该脏腑器官的气血运行，调动其调节能力，抗病能力、康复能力，达到"一荣俱荣"的保健治疗效果。

❀ 脏腑器官体表投影区和脊椎对应区：调理脏腑器官的捷径

脏腑器官体表投影区和脊椎对应区是刮痧疗法调节脏腑的常用穴区，更是调理脏腑的捷径。

脏腑器官体表投影区：靠近该脏腑器官的体表区域。这些区域分布的神经或经络俞穴多数具有直接通达相近邻的脏腑器官的特点。刮拭脏腑器官体表投影区可以直接防治脏腑器官的病变。

脊椎对应区：脊椎是支撑人体的重要骨骼，也是神经上传下达的通路。脊椎的健康状态与全身密切相关，脊椎各节段分别对应人体各脏腑器官，是重要的全息穴区。脊椎对应区的范围相当于与该脏腑器官相同水平段内的督脉、夹脊穴和膀胱经。刮拭脊椎对应区可调节各脏腑器官。

附 录
全息刮痧部位示意图

❀ 头部全息穴区

　　头部前发际上下旁开约0.5寸的条带，正中额中带对应头面部，两侧从内向外分别对应胸部心肺胸膈、上腹部脾胃肝胆胰腺、下腹部肾、膀胱、泌尿生殖器官。

　　头顶部额顶带是神庭穴至百会穴连线，左右各旁开约0.5寸的条带，从前向后分别对应胸部脏器、上腹部脏器、下腹部脏器。

　　顶颞前斜带是前顶穴至悬厘穴的连线，向前后各旁开约0.5寸的条带，反应全身运动功能。

　　顶颞后斜带是百会穴至角孙穴的连线，向前后各旁开约0.5寸的条带，反应全身感觉功能。

　　顶后斜带在顶后部，对应颈肩部。顶枕带在顶枕部，对应头颈、腰背、腰骶及眼部。枕下旁带在枕部枕外粗隆下方，对应小脑、后头。

前头全息

侧头全息

后头全息

头顶全息

❀ 耳部全息穴区

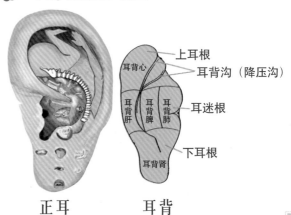

正耳　　　　　耳背

✻ 面部全息穴区

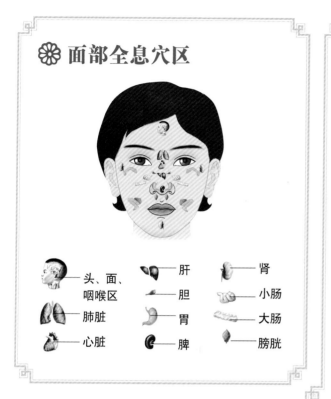

图	名称		图	名称		图	名称
	头、面、咽喉区			肝			肾
				胆			小肠
	肺脏			胃			大肠
	心脏			脾			膀胱

✻ 躯干部位

脏腑器官体表投影区

　　脏腑器官体表投影区指靠近该脏腑器官的体表区域。如前颈部是咽喉、甲状腺的体表投影区；胸部有心脏、气管、支气管、肺、肝胆、脾脏的体表投影区。

脊椎对应区

　　躯干部脊椎对应区是人体最大的全息胚，以脊椎为中心是人体的缩影。脊椎中的脊髓是脑部信息传递的重要通道，大脑接受或发出的各种信息都要由脊髓上传下达，调控着全身的感觉和运动功能。颈椎区对应人体的头颈部、上肢、肩部，胸椎区是胸腔脏器心肺、肝胆、脾胃和背部的对应区，腰椎和腰骶椎区是腹腔脏器肾、大小肠、膀胱、生殖器官和腰部、下肢的对应区。脊椎及脊椎两侧的肌肉、韧带劳损、粘连、痉挛及炎症反应会影响脊椎稳定性、神经传导、血液循环以及各脏腑器官功能活动。

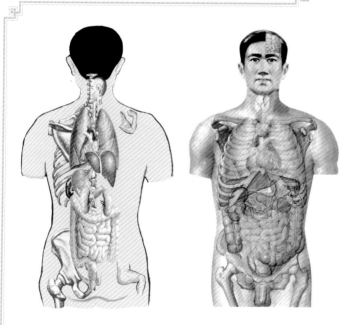

✿ 四肢、手、足全息穴区

　　四肢部位的每节肢体都是一个完整的全息胚，都是人体的缩影。全息穴区的分布远心端为头区，近心端为足区。依照从头到足各器官的次序来排布。

　　手部为全身的缩影。手掌为脏腑器官的缩影，手背以中指和第三掌骨为中心为脊椎的缩影。第二掌骨为全身的缩影。

　　足部为全身的缩影。足底为脏腑器官的缩影，足趾为头部器官的对应区，足内侧为脊椎的对应区，足外侧为四肢的对应区，足背部为颈、胸部脏腑器官、胸胁部、淋巴系统的对应区。

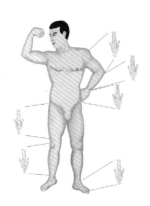

四肢全息穴区

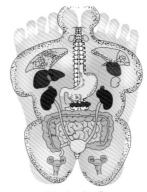

足底全息

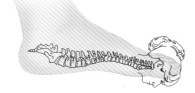

足侧全息

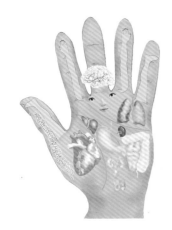

手掌全息

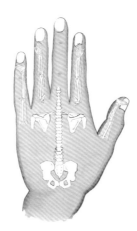

手背全息

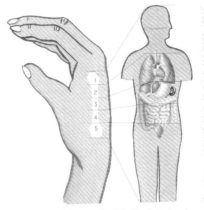

第二掌骨桡侧全息

头颈
胸
上腹
下腹
下肢

正面经脉皮部

任脉皮部
手阳明大肠经皮部
手太阴肺经皮部
手厥阴心包经皮部
手少阴心经皮部
足少阳胆经皮部

足阳明胃经皮部
足太阴脾经皮部
足厥阴肝经皮部
足少阴肾经皮部

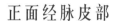

督脉皮部
手阳明大肠经皮部
手少阳三焦经皮部
手太阳小肠经皮部

手太阳小肠经皮部
手少阳三焦经皮部
手阳明大肠经皮部
任脉皮部
足少阴肾经皮部
足太阴脾经皮部
足阳明胃经皮部

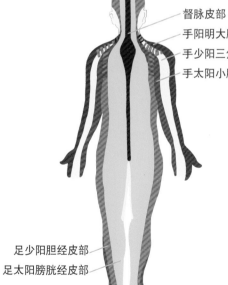

足少阳胆经皮部
足太阳膀胱经皮部

足少阳胆经皮部
足太阳膀胱经皮部

背面经脉皮部

侧面经脉皮部

图书在版编目（CIP）数据

张秀勤刮痧治疗常见病／张秀勤编著. —长春：吉林科学技术出版社，2009.2
ISBN 978-7-5384-3929-8

Ⅰ.张… Ⅱ.张… Ⅲ.刮搓疗法 Ⅳ.R244.4

中国版本图书馆CIP数据核字(2008)第123467号

www.homho.com
全案策划

编著：张秀勤
总策划人：李 梁
责任编辑：李红梅 李 征
封面设计：张腾方
版式设计：张腾方 张 帆 胡永强

吉林科学技术出版社出版、发行

发行部电话／传真：0431-85677817 85635177 85651628 85651759
编辑部电话：0431-85610611 E-mail：meimei2006@126.com
网址：www.jlstp.com 实名：吉林科学技术出版社
电子信箱：JLKJCBS@public.cc.jl.cn
社址：长春市人民大街4646号 邮编：130021
长春新华印刷有限公司印制
如有印装质量问题，可寄回出版社调换

889mm×1194mm 20 开本 8 印张 160 千字
2009 年 2 月第 1 版 2009 年 6 月第 2 次印刷
ISBN 978-7-5384-3929-8

定价：39.90 元